mente

COLEÇÃO CONCEITOS-CHAVE EM FILOSOFIA

Furrow, D. – Ética: Conceitos-Chave em Filosofia
Goldstein, Brennan, Deutsch & Lau – Lógica: Conceitos-Chave em Filosofia
Medina, J. – Linguagem: Conceitos-Chave em Filosofia
Norris, C. – Epistemologia: Conceitos-Chave em Filosofia

M438m Matthews, Eric
   Mente: conceitos-chave em filosofia / Eric Matthews ;
tradução Michelle Tse. – Porto Alegre : Artmed, 2007.
   160 p. ; 23 cm.

   ISBN 978-85-363-0901-9

   1. Filosofia da Mente. I. Título.

   CDU 130.11

Catalogação na publicação: Juliana Lagôas Coelho – CRB 10/1798

mente

CONCEITOS-CHAVE EM FILOSOFIA

ERIC MATTHEWS

Honorary Research Professor in Medical and
Psychiatric Ethics at the University of Aberdeen

Tradução:
Michelle Tse

Consultoria, supervisão e revisão técnica desta edição:
Maria Carolina dos Santos Rocha

*Professora e Doutora em Filosofia Contemporânea pela ESA/Paris e UFRGS/Brasil.
Mestre em Sociologia pela Escola de Altos Estudos em Ciências Sociais (EHESS)/Paris.*

Reimpressão

2007

Obra originalmente publicada sob o título *Mind: Key Concepts in Philosophy Series*
ISBN 0-8264-7112-9
© Eric Matthews, 2005

This Translation is published by arrangement with The Continuum International Publishing Group.
All rights reserved.

Capa:
Paola Manica

Preparação do original:
Maria Lúcia de Souza Lima Meregalli

Supervisão editorial:
Mônica Ballejo Canto

Projeto gráfico
Editoração eletrônica

artmed®
EDITOGRÁFICA

Reservados todos os direitos de publicação, em língua portuguesa, à
ARTMED® EDITORA S.A.
Av. Jerônimo de Ornelas, 670 - Santana
90040-340 Porto Alegre RS
Fone (51) 3027-7000 Fax (51) 3027-7070

É proibida a duplicação ou reprodução deste volume, no todo ou em parte, sob quaisquer formas ou por quaisquer meios (eletrônico, mecânico, gravação, fotocópia, distribuição na Web e outros), sem permissão expressa da Editora.

SÃO PAULO
Av. Angélica, 1091 - Higienópolis
01227-100 São Paulo SP
Fone (11) 3665-1100 Fax (11) 3667-1333

SAC 0800 703-3444

IMPRESSO NO BRASIL
PRINTED IN BRAZIL
Impresso sob demanda na Meta Brasil a pedido de Grupo A Educação.

Sumário

PREFÁCIO 7

   1. MENTE E ALMA 9

   2. MENTES E CÉREBROS 33

   3. SUBJETIVIDADE, INTENCIONALIDADE E COMPORTAMENTO 57

   4. ANIMAIS E MÁQUINAS 81

   5. OUTRAS MENTES 107

   6. RAZÕES E CAUSAS 131

REFERÊNCIAS 153

ÍNDICE 155

Prefácio

Este livro objetiva introduzir alguns (mas não todos) dos tópicos filosóficos principais relacionados à mente, direcionados para aqueles com pouco ou nenhum conhecimento prévio de filosofia formal. Filósofos profissionais não são os únicos interessados nestes tópicos: eles surgem na psicologia, na ciência cognitiva, na inteligência artificial, na psiquiatria e na neurociência, bem como na literatura, na história e, certamente, em conversas corriqueiras inteligentes. Portanto, este livro foi escrito de forma a torná-lo acessível e interessante a um público mais extenso do que o de alunos de filosofia.

Como se trata de uma introdução, este prefácio deve ao menos tentar fazer um levantamento de algumas das principais correntes de pensamento sobre este tópico. Por motivos de espaço, não pude cobrir todos os pontos de vista possíveis, mas espero ter, ao menos, incitado o suficiente para que os leitores possam, por conta própria, aprofundar seus estudos. Forneci referências a autores e trabalhos citados no texto para facilitar essa exploração: detalhes bibliográficos completos sobre os trabalhos citados encontram-se ao final deste livro. Sempre que possível, procurei referir-me a textos de leitura mais acessíveis, que, ao menos em bibliotecas, são mais prontamente encontrados: isto significa, por exemplo, que preferi citar versões de trabalhos reimpressos em antologias mais amplamente disponíveis do que a versão original em revistas que podem não ser de tão fácil acesso aos leitores.

Ao discutir os vários pontos de vista, procurei apresentá-los de forma crítica, porém justa: a filosofia trabalha por argumentos e, tanto argumentos a 'favor' quanto 'contra' são apresentados de uma maneira objetiva, na medida de minhas possibilidades. No entanto, seria extremamente insípido e desinteressante se deixasse de apresentar o ponto de vista que eu próprio advogo, e foi justamente isso que fiz a partir do terceiro capítulo. Espero que os argumentos a favor dos pontos de vista alternativos estejam suficientemente bem apresentados para que os leitores possam fazer seus próprios julgamentos sobre aquilo que lhes parecer mais convincente. A visão que defendo não é original no sentido de que não sou o primeiro filósofo a favorecêla: cheguei a ela, em parte, por meio de discussões filosóficas com colegas e alunos, mas também pela influência de outros filósofos com quem aprendi, justamente por discordar fortemente deles. Algumas dessas influências são óbvias em citações no texto – em particular, Merleau-Ponty, Wittgenstein, Ryle e Searle. Outros que não foram citados ou que são apenas brevemente mencionados certamente incluiriam Hilary Putnam, Charles Taylor, Paul Ricoeur, Hubert Dreyfus, Mary Midgley e o falecido Stuart Hampshire.

Por fim, meus agradecimentos à minha esposa, Hellen, tanto por sua paciência ao longo da redação deste livro, quanto pelas muitas conversas que tivemos sobre questões pertinentes. Também gostaria de agradecer calorosamente a meus amigos Bill Fulford e Martin Wylie por todos os momentos bons e estimulantes que desfrutamos juntos.

Eric Matthews

1
Mente e alma

I

O que significa ser humano? Claramente, em sua forma mais básica, significa ser membro de certa espécie biológica, *Homo Sapiens*. Mas a necessidade intrínseca que temos em fazer a pergunta sugere que a resposta não pode ser dada em termos *puramente* biológicos: afinal de contas, os leões parecem não possuir a necessidade de questionar o que significa ser um leão. Mesmo a definição padrão de nossa espécie utiliza o termo não-biológico *sapiens* (do latim 'sábio' ou 'perspicaz'). Outra definição tradicional de seres humanos é a de que são 'animais racionais', mais uma vez, nitidamente, combinando o termo biológico 'animal' com o não-biológico 'racional'. Nós certamente *somos* animais, primatas, como os gorilas e os macacos. No entanto, tendemos a nos distinguir desses primatas pela nossa capacidade de pensar sobre as coisas, de refletir sobre nossa própria existência e de modificar nossas ações à luz dessa reflexão, de planejar e organizar nossas vidas, de controlar nossas emoções e desejos – enfim, de sermos 'racionais'. O fato de que possuímos essas capacidades, em grande parte, é o que significa dizer que seres humanos possuem 'mentes', portanto acredita-se que o que torna o ser humano distinto é que possuímos mentes. Não é nenhuma surpresa, portanto, que a tentativa de esclarecer exatamente o que significa 'possuir uma mente' esteja no centro da tradição filosófica ocidental. É justamente isso que procuramos fazer neste livro: ao observarmos criticamente, ao menos algumas das explicações filosóficas centrais, procuraremos oferecer algum tipo de resposta às seguintes perguntas: o que significa possuir uma mente? De que forma isso está conectado ao fato de sermos humanos?

Para tanto, é preciso levantar uma série de perguntas intrinsecamente correlatas. Todas as capacidades 'mentais' são essencialmente as mesmas? Se esse for o caso, então o que seria essa essência comum? Onde delineamos os limites do 'mental'? A 'mente' inclui características não-intelectuais como a emoção ou o desejo? As características mentais são tudo-ou-nada, ou será que alguém as pode ter em maior ou menor grau? São exclusivas aos seres humanos ou será que outros animais também as possuem, talvez em uma escala menor? Qual é a relação entre o biológico (ou físico) e o mental? Serão as mentes 'coisas', talvez, de um tipo tão especial que podem existir independentemente de qualquer outra coisa biológica? Ou será que devem ser identificadas com partes de nosso organismo biológico (hoje em dia, provavelmente diríamos, com nossos cérebros)? Será que seres não-biológicos como computadores ou robôs possuem 'mentes'? Examinaremos as respostas de algumas dessas perguntas e questões a elas afins dadas por algumas figuras de proa na filosofia ocidental. No entanto, essa análise não será apenas uma simples história de idéias: envolverá uma análise crítica dos argumentos levantados pelas figuras em questão, com o propósito de formarmos nossas próprias conclusões a respeito da natureza da mente.

Responder a essas perguntas, conforme mencionado acima, é um elemento importante na tentativa de compreendermos a nós mesmos como seres humanos. Isso significa que tais perguntas não são meramente quebra-cabeças intelectuais ou desafios mentais: incitam paixões, pois dizem respeito a coisas tais como nossas atitudes perante a religião e a moralidade, a visão de nossos relacionamentos com outros animais e máquinas, nossa individualidade e a distinção de cada um, e os possíveis relacionamentos que podemos ter com os outros seres humanos. O contexto em que as discussões sobre a natureza da mente ocorrem tem variado de tempos em tempos, em consonância com as preocupações contemporâneas dos seres humanos com uma ou outra dessas questões. Às vezes, os filósofos que refletem sobre a mente se preocupam com questões de natureza religiosa (como, por exemplo, 'se a alma sobrevive à morte?'); outras vezes com a moralidade ('o que é o bom para o homem e que papel a posse humana da razão desempenha nisso?'). Em outros momentos, estiveram mais preocupados em estabelecer a distinção entre seres humanos e outros animais ou, alternativamente, em negar tais diferenças. Hoje em dia, tornou-se muito freqüente a questão da diferença ou semelhança entre seres humanos e máquinas (inteligência artificial), ou a predominância da relação entre a neurociência e a consciência humana. O contexto, até certo ponto, modifica os termos do debate e, inclusive, o significado preciso da palavra 'mente': para compreender o que se diz sobre a mente, seria necessário examinar a conexão com questões mais amplas. No entanto, espero que ao longo do livro, fique clara a existência de um fio comum que percorre toda a tradição, de Platão até agora, relacionando esses diferentes debates em uma discussão continuada.

II

Um bom começo para essa discussão seria refletir sobre como normalmente falamos sobre nossas mentes, antes de começarmos a fazer filosofia (ou psicologia, ou neurociência). Em nossas experiências, algumas coisas nos levam a pensar no mental e no físico como sendo completamente separados um do outro. Essa forma de pensar encontra-se refletida em atitudes comuns e formas de falar. Por exemplo, falamos do 'triunfo da mente sobre a matéria' quando mediante grande esforço superamos as limitações impostas por nossa natureza física ou por nossas arraigadas inclinações biológicas. Da mesma forma, acreditamos, cada vez mais, que é errado reduzir os seres humanos às suas características físicas, sejam elas a cor de sua pele, sua estatura, seu gênero, sua idade, ou o que quer que seja. Parece que a pessoa real não se encontra confinada por nenhuma dessas limitações físicas, mas expressa-se por seus pensamentos, seus sentimentos, seus ideais e assim por diante. Às vezes, até nos sentimos desligados de nossos próprios corpos. Algumas dessas formas de pensamento são razoavelmente modernas, principalmente no que tange à resistência em estereotipar pessoas quanto a suas características físicas. No entanto, de outros modos essa idéia de distinguir mente-corpo sempre esteve presente na cultura ocidental, bem como, em realidade, em muitas outras culturas também.

No passado, embora nem tanto recentemente, esse significado de distinção seguidamente era expresso em termos da diferença entre a 'alma', em vez da 'mente', e o corpo. No grego antigo, a palavra normalmente traduzida para o inglês como 'alma' era *psique* de onde derivamos palavras como 'psicologia' e 'psiquiatria'; em latim era *anima* a fonte de palavras como 'animismo', 'animado', entre outros. Estamos mais familiarizados com o sentido da palavra 'almas' em contextos religiosos, como a doutrina da imortalidade da alma: a palavra também possuía esse sentido no antigo pensamento grego, além de conotações mais amplas que não eram particularmente religiosas.

Para os gregos, a *psique* ou a 'alma' significava algo que incluía a 'mente', mas cujo sentido ia além disso. Aristóteles escreveu um tratado '*On the soul*'[1]

---

[1] N. de T. No intuito de encontrar traduções para a língua portuguesa das obras em inglês, que constam nas referências, foram consultados os seguintes *websites*: http://www.dominiopublico.gov.br/; http://www.bn.br/; http://www.wikipedia.org; http://www.sbu.unicamp.br; http://www.ifcs.ufrj.br/; http://www2.fgv.br/Biblioteca-rj/; http://biblio.pusp.br/; http://www.usp.br/sibi/; http://www.biblioteca.ufrgs.br/; http://www.unisinos.br/biblioteca/;http://www.memphis.ulbranet.com.br/ALEPH.

(mais conhecido por seu título latino *De Anima*[2]) no qual ele equacionava a posse de uma alma com o simples fato de estar vivo e isso de tal modo que, mesmo as plantas e animais não-humanos têm almas. Ele define a alma, em seu sentido mais amplo, pelas 'funções nutritivas, perceptivas e intelectuais e pelo movimento' (Aristóteles 1986, p. 413b).[3] Dentre essas três espécies de funções, a 'intelectiva' é a que deveríamos, mais naturalmente, identificar com a 'mente', visto que é a capacidade de pensar e raciocinar, de refletir e se engajar em uma contemplação abstrata, de controlar nossas paixões mediante de princípios racionais, e assim por diante. Para Aristóteles, somente os seres humanos possuíam almas que envolviam essas capacidades racionais. Essas almas, no entanto, compartilhavam a mesma função com as plantas e os animais no que tange à nutrição e, somente com os animais, a capacidade de movimento e de percepção. Assim sendo, Aristóteles equacionou a 'mente' com a parte da alma humana, a mais importante, pois era ela que definia nossa humanidade; embora não completamente separada de nossas capacidades para a vida biológica e para o movimento.

Então, o que significava a 'alma' para Aristóteles e de que forma estava relacionada ao corpo? Para explicar isso, precisamos falar um pouco a respeito da visão geral que Aristóteles tinha da realidade. Segundo ele, qualquer coisa individual que existe, (uma 'substância', em sua terminologia) necessita de 'forma' e 'matéria' para ser o que é. Isto é, precisa ser feita de algo, sua 'matéria', e essa matéria deve ser organizada de forma apropriada para que seja relevante ao que ele denominava de, sua 'forma'. Citando um dos próprios exemplos de Aristóteles, um machado é uma substância cuja matéria é a madeira e o metal do qual é feito, e cuja forma é a maneira pela qual esses materiais são combinados e moldados para que ele seja capaz de realizar a sua função de machado. Sem ambos – a forma e a matéria –, não existiria *como machado*. Um pedaço de madeira e um pedaço de metal não constituem um machado até que sejam combinados de forma apropriada; mas, obviamente, sem o material para concretizá-lo, essa forma não poderia, em si, constituir um machado (no máximo, seria a idéia de um machado).

Nesses termos, podemos dizer que uma alma, em um sentido amplo, é a forma de um corpo vivo. Como disse Aristóteles, a 'alma é a substância como a forma de um corpo natural, o qual, potencialmente, tem vida' (Aristóteles

---

[2] N. de T. Aristóteles: *Da Alma*.

[3] N. de T. Aristóteles: a) *Da Alma*: livros I, II e III [Tradução e Notas: Maria Cecília Gomes dos Reis]; São Paulo: Editora 34, 2006; b) *Da alma* [Tradução do Grego e Introdução: Carlos Humberto Gomes]; Lisboa: Edições 70, 2001.

1986, p. 412a).⁴ O que faz cada um de nós um ser humano é, em particular, a presença da alma envolvendo não apenas poderes nutritivos e perceptivos, mas também funções intelectuais ou racionais: isto é, somos criaturas vivas de certo tipo, capazes de alimentar a si próprios, de caminhar sob nosso próprio ritmo, de responder ao mundo que nos cerca e, acima de tudo, de pensar e raciocinar sobre nossa experiência. A alma humana, sob esse ponto de vista, é distinta do corpo, da mesma forma que um molde em cera é distinto da cera (cf. Aristóteles 1986, p. 412b).⁵ No entanto, ela não é uma coisa ou substância distinta do corpo: pelo contrário, a substância é o ser humano cuja 'matéria' é o corpo e cuja 'forma' é a alma. Nesse sentido, como diz Aristóteles, a alma é inseparável do corpo: 'a alma e o corpo *são* o animal' (Aristóteles, 1986, p. 413a).⁶

A visão de Aristóteles sobre a alma humana não pode ser compreendida em sua totalidade se não a compreendermos como parte de uma explicação *teleológica* ou intencionada, tomando em consideração a realidade como um todo. De acordo com essa explicação, brevemente, a realidade é composta por um número de espécies distintas, ou tipos, ou coisas, cada uma com seu próprio papel na organização das coisas, seu propósito de existência expresso na forma que a define como a espécie que é. O bom para cada espécie seria viver conforme seu propósito (então, por exemplo, um bom leão é aquele que melhor incorpora a forma leonina). A organização das coisas é hierárquica, com a espécie humana no topo da pirâmide. Conforme visto, a humanidade é definida pela racionalidade: então o bom para a humanidade é viver a vida guiada pela razão. Dessa forma, a explicação de Aristóteles sobre a alma humana era parte da teoria da ética humana.

A visão aristotélica foi adotada por vários pensadores medievais, especialmente por São Tomás de Aquino, e desenvolvida com uma quantidade de matizes, especificamente cristãos. No entanto foi, geralmente, rejeitada nos primórdios da filosofia moderna, durante o século XVII, por pensadores como Descartes, Locke, Leibniz e Spinoza. Essa rejeição se deu principalmente devido ao fato de que o referencial teleológico, supra citado, não se adequava, segundo esses pensadores, às necessidades da ciência física moderna e cujos fundamentos procuravam elaborar. Mesmo assim, existem alguns pontos em comum entre a explicação da alma, de Aristóteles, e o pensamento de

---

⁴N. de T. Cf. as indicações de traduções desta obra de Aristóteles para a língua portuguesa em N. de T. ao final da p.12.

⁵N. de T. Idem.

⁶N. de T. Ibidem.

alguns filósofos bem mais recentes quanto ao problema mente-corpo que analisaremos no Capítulo 3.

Consideraremos, em maiores detalhes, algumas das virtudes e dos vícios dessa abordagem no próximo capítulo, mas é preciso mencionar rapidamente, aqui, alguma coisa sobre eles, se formos refletir criticamente a respeito do aristotelismo. Uma das virtudes da visão aristotélica e de seus sucessores é o fato de que a mesma preserva a unidade da pessoa humana. Apesar de possuirmos, conforme mencionado anteriormente, experiências que sugerem que podemos separar a nós próprios (nossas mentes) de nossos corpos – por exemplo, podemos estar tão perdidos nos nossos pensamentos que não escutamos a campainha tocar – no entanto, em casos não-patológicos, não sentimos nossos corpos como entidades estranhas, frouxamente conectadas a nós mesmos, mas conforme as próprias palavras sugerem, como *nossos próprios* corpos. Os dedos com os quais estou digitando são *meus dedos*. *Eu* sou a pessoa que sente a pressão das teclas nas quais eu toco ao escolher cada letra. A visão de Aristóteles parece combinar muito bem e, cuidadosamente, com esse sentido de posse de nossos próprios corpos. Minha atividade ao escrever este livro não se constitui como uma atividade da minha 'mente' ou do meu 'corpo' em si: não poderia escrevê-lo a não ser que houvesse uma maneira de expressar esses pensamentos por meio da comunicação e de uma forma física o que, neste caso, são os dedos capazes de operar o programa de digitação.

A explicação de Aristóteles é coerente com essa intuição básica da unidade da pessoa e isso em si é uma grande virtude. No entanto, ainda deixa sem resposta inúmeras questões referentes às relações mente-corpo. Primeiramente, é adequado dizer que a alma racional é a 'forma' de um corpo humano vivo, mas isso não explica exatamente o que *é* uma alma. Literalmente, 'forma' significa 'formato', mas, claramente, isso não é o que Aristóteles quis dizer por esta palavra nesse sentido técnico. Uma alma racional é o que nos define como humanos em conjunto com certo tipo de corpo (do tipo humanóide): portanto, não é o mesmo que a aparência corporal humana característica dos membros de nossa espécie. Ele parece considerá-la em termos de certas *atividades* humanas características – aquelas mesmas atividades 'mentais' do pensar, planejar, controlar, etc., listados no início do capítulo. Se este for o caso, isso levantaria uma questão ulterior, ao menos para uma mente moderna: essas atividades mentais devem ser identificadas com as operações de certos mecanismos corporais específicos (assim como os processos cerebrais), ou será que poderiam, pelo menos em princípio, separar-se de qualquer base material? Se o primeiro caso for considerado, então a alma ainda poderia ser chamada de 'forma' do ser humano e o corpo de 'matéria', no entanto a visão seria indiscernível, exceto pelo histórico da visão teleológica da realidade em Aristóteles, de qualquer explicação 'materialista' direta cujos pensamentos, etc., são simplesmente identificados como processos cerebrais. Por outro lado, se as atividades mentais não forem identificadas com mecanismos corporais específicos, então a base da explicação de Aristóteles aparece enfraquecida: afinal de contas, ele diz que a alma e o corpo não podem existir separadamente, não mais do que qualquer outra 'forma' ou 'matéria' que, juntos constituam uma coisa individual assim como ela é.

Até mesmo Aristóteles parece um tanto incerto quanto a esse ponto. Após ter dito que a alma é inseparável do corpo, continua,

> Não que não existam algumas partes [da alma] cuja separabilidade não seja possível evitar, por não serem as partes presentes [de fato/atualizadas] de qualquer corpo. No entanto, permanece incerto se a alma realmente faz parte do corpo dessa maneira, ou é como [a de] um marinheiro de um barco.
>
> (Aristóteles)[7]

As partes da alma nas quais ele parece interessado são as partes racionais, e a incerteza que ele parece expressar é a dúvida quanto à separabilidade dessas partes, pois elas não dependem (não são atualizadas em) de qualquer parte específica do corpo – algo que, diz ele, ainda ser incerto. Se a alma racional fosse separável dessa forma, a união da alma e do corpo ao constituir uma pessoa seria destruída: como ele diz, a alma estaria no corpo 'como um marinheiro de um barco' (essa imagem é bastante similar àquela utilizada por Descartes para explicar uma idéia semelhante, como veremos novamente no final deste capítulo).

III

Nos séculos XVI e XVII d.C., as bases da ciência moderna estavam sendo fundadas – não apenas na forma de descobertas factuais e nas teorias detalhadas para explicá-las, mas também no sentido de uma estrutura geral das idéias ('uma visão científica do mundo') em que esses fatos e teorias poderiam se encaixar. Uma das grandes preocupações dos primeiros filósofos modernos era a de proporcionar a base do argumento filosófico para essa visão de mundo. Para eles, era claro que a visão teleológica aristotélica, descrita acima, elaborada por filósofos 'escolásticos' medievais, era imprópria

---

[7]N. de T. No original: *Not that there are not some parts[of the soul] that nothing prevents from being separable, through their not being the actualities of any body. But it remains unclear whether the soul is the actuality of a body in this way or rather is as the sailor of a boat (Arist. 1986, p. 413a)*

para esse propósito, pois ilustrava um mundo dividido em coisas qualitativamente distintas, cada uma com 'forma' própria que deveria explicar seu funcionamento detalhado. Por que as chamas de um fogo se elevam enquanto pedras caem? Porque era a 'forma' ou a 'natureza' de cada uma – justamente como eram, conforme expresso em suas definições. No entanto, os primeiros filósofos modernos argumentavam que, a menos que essas 'formas' pudessem ser elucidadas mais detalhadamente, a dita 'explicação' não nos diria absolutamente nada: explica tão somente que as chamas se elevam, pois é o que fazem. Em uma de suas comédias, o escritor teatral contemporâneo francês, Molière, satiriza essa forma 'escolástica' de falar ao fazer um de seus personagens, um médico, 'explicar' o poder do ópio em adormecer as pessoas ao dizer que ele possuía um 'poder soporífico', ou seja, simplesmente uma maneira rebuscada de explicar o poder de fazer adormecer. O ópio consegue fazer as pessoas adormecerem porque é capaz de colocá-las a dormir: mas essa é uma explicação com uma definição confundida, e uma visão científica moderna necessita distinguir a ambas. Esses filósofos argumentavam que para uma explicação devidamente genuína, precisamos da especificação de um atual mecanismo vigente que traria à tona o fenômeno a ser esclarecido.

Sem dúvida, o maior de todos esses filósofos modernos foi René Descartes que proporcionou, tanto os fundamentos mais sistemáticos para uma visão científica moderna do mundo, (mais relevante aos nossos objetivos) quanto para a elaboração de uma visão da mente de acordo com aquilo que havia, de uma ou de outra maneira, dominado a maior parte do pensamento sobre a mente desde sua época. A explicação de Descartes sobre a mente e seu relacionamento com o corpo é uma parte integral de sua visão geral de mundo, portanto, inicialmente, precisaremos falar um pouco a respeito disso. Ele objetivou, conforme mencionado, proporcionar uma estrutura de pensamento sobre o mundo que seria mais 'científica', por assim dizer, do que aquela que existia antes. De acordo com ele, o grande defeito do pensamento medieval encontrava-se na falta de provas a respeito de qualquer coisa, pois não havia como decidir ao certo (se é que havia alguma forma de fazê-lo), quais, das muitas opiniões concorrentes, eram verdadeiras. As pessoas apelavam às autoridades – mas isso implicava na seguinte questão: em *qual* autoridade confiar? Ou então, aceitavam de maneira não crítica o que seus sentidos lhes diziam: mas sabemos que os sentidos, notoriamente, não são confiáveis. Se quiséssemos um tipo de conhecimento confiável e essencial para qualquer coisa que pudesse ser chamada de ciência, pensou Descartes, algo drástico precisava ser feito.

Descartes propunha que duvidássemos ou questionássemos todas as nossas convicções sobre o mundo e sobre nós mesmos, até mesmo aquelas que pareciam mais inquestionáveis: se, ao final desse processo, pudéssemos achar ao menos uma convicção que resistira a todas essas dúvidas intensas, então poderíamos considerá-la um certo tipo de fundamento no qual poderia ser construído uma estrutura confiável de conhecimento. Mesmo aqueles que pouco leram a respeito da filosofia sabem que a única proposta que Descartes descobriu resistir à mais determinada dúvida foi 'Eu penso, logo existo', pois que, até para duvidar, é preciso que alguém exista como um ser pensante. Se realmente quisesse, ele poderia duvidar da existência do mundo inteiro ao seu redor; poderia até duvidar da existência de seu próprio corpo. A única coisa, devido à sua própria natureza, impossível de duvidar, era de sua própria existência como um ser pensante. Portanto, para ele isso significava que pensar era essencial para sua existência, e isso de tal forma que, por exemplo, possuir braços e pernas e outras características corpóreas (incluindo um cérebro) não o eram: ele, *essencialmente*, era uma coisa que pensa, uma mente.

Pensar não ocupa espaço algum, é 'sem extensão': seria absurdo perguntar, por exemplo, os centímetros de comprimentos existentes em meus pensamentos atuais. Portanto, uma coisa pensante, ou mente, pode existir sem ocupar espaço algum. Por outro lado, algo material como o corpo humano é, por definição, extenso, um ocupante de espaço. (Veja que isso significa que a mente cartesiana *não* deve ser equacionada ao cérebro, que é uma extensão do corpo como outra qualquer.) Ela não pode existir sem que esteja em algum lugar no espaço e ocupando certo volume de espaço – possuindo comprimento e largura. Além disso, um corpo pode, seguramente, existir sem pensamento: um cadáver, por exemplo, ainda é um corpo, mas não possui consciência ou pensamento. Então, a conclusão parecia indicar para o fato de que os corpos e as mentes não necessitam um do outro para existir – podem existir independentemente. Descartes diz,

> De acordo com isto, 'Eu' – ou seja, a alma pela qual eu sou o que sou – é inteiramente distinta do corpo, e, sem dúvida, é mais fácil de conhecer que o corpo, e não falhará em ser o que quer que seja, mesmo se o campo não existir.
>
> (Descartes)[8]

A palavra que Descartes utilizou para algo que não depende de qualquer outra coisa para existir foi um termo já visto nas discussões sobre Aristóteles: o

---

[8]N. de T. No original: *Accordingly this 'I'- that is, the soul by which I a what I am – is entirely distinct from the body, and indeed is easier to know than the body, and would not fail to be whatever it is, even if the body did not exist.* (Descartes 1985, p. 127).
a)Descartes, René, 1596-1650: *Meditações sobre a filosofia primeira*; [Tradução, introdução e notas por Gustavo de Fraga]; Coimbra: Livraria Almeida, 1992, 228 p.; b)Descartes, René, 1596-1650: *Meditações sobre filosofia primeira* [Tradução, Fausto Castilho]; Campinas: Unicamp, 1999. Texto bilíngüe latim-português.

de 'substância'. Portanto, ele acreditava que a mente e o corpo são duas substâncias distintas, cada uma capaz de existir por si própria, sem a outra. Esta é a doutrina normalmente conhecida como o 'dualismo cartesiano' ('cartesiano' sendo utilizado como forma adjetiva do nome de Descartes). É uma visão *dualista*, pois sustenta que o mental não é apenas um tipo diferente do físico, mas que nossas vidas mentais acontecem em *algo* completamente diferente de nossa vida corpórea: em outras palavras, possuímos uma dupla existência. Nossa vida mental, que é nosso eu essencial, portanto, não depende de quaisquer processos físicos e poderia existir mesmo se não estivéssemos vivos no sentido corporal. (Claramente, isto se encaixa bem com a crença religiosa da imortalidade pessoal que, pelo menos, a faz logicamente possível.) Um ser humano vivo, dentro dessa visão, é composto por duas partes distintas, a 'mente' e o 'corpo'.

Antes de considerarmos o dualismo cartesiano em maiores detalhes, seria útil contrastá-lo em alguns aspectos-chave em relação à visão de Aristóteles.

Tanto Descartes quanto Aristóteles concordam que a alma/mente e o corpo não são idênticos: mas suas opiniões sobre a *maneira* em que são distintas são muito diferentes. Para Aristóteles, a *substância*, a coisa existente independente, era o ser humano por inteiro cuja alma era a 'forma' e o corpo a 'matéria'. Nem forma, nem matéria poderiam existir separadas uma da outra, pois cada uma só funciona em conexão com a outra. No entanto, para Descartes, como acabamos de ver, a 'mente' e o 'corpo' são *ambas* substâncias e o ser humano como um todo é meramente uma composição das duas coisas. Em segundo lugar, Descartes, em contraposição a Aristóteles, eficazmente, *identifica* a 'alma' e a 'mente'. Como visto anteriormente, Aristóteles considerava a 'alma' simplesmente como um princípio de vida, incluindo funções nutritivas e perceptivas, bem como funções de alto nível de pensamento racional. Em contraste com isso, Descartes acreditava na alma apenas em termos inteiramente abstratos. Em parte, isso é conseqüência da forma pela qual chegou a essa concepção de substância mental ao separá-la de qualquer possibilidade de contaminação com qualquer coisa física ou corpórea. Uma forma em que essa diferença é clara é que, para Aristóteles, *todos* os seres vivos possuem almas de algum tipo, inclusive as plantas; enquanto que, para Descartes, somente seres *humanos* as possuíam, visto que apenas os seres humanos possuem o que Aristóteles chamaria de a parte intelectual da alma. Portanto, as conseqüências disso para a visão de mundo de Descartes e para a visão moderna do mundo em geral, são profundas e serão exploradas mais adiante.

Para Descartes, a mente e o corpo não são apenas substâncias distintas, mas *tipos* de coisas completamente diferentes. A mente é definida inteiramente em termos de pensamento, no sentido mais estreito: a capacidade de estar consciente da própria existência e de possuir e de ter idéias a respeito da existência de outras coisas; a capacidade de conectar idéias a crenças, que podem ser verdadeiras ou falsas, e conectá-las a cadeias racionais; a capacidade de lembrar idéias passadas; a capacidade de ordenar uma intenção de fazer algo; ter a consciência de algo desejável ou indesejável, agradável ou desagradável, do tipo de coisa que pode provocar raiva, ou medo, ou amor, ou esperança, ou de o quer que seja. Todos esses pensamentos são tipos de coisas que não necessitam de um corpo: podemos ter consciência de algo em uma forma puramente intelectual, por exemplo, como uma raiva merecida (talvez porque é uma injustiça feita contra nós), sem necessariamente *sentirmos* raiva. Mas a emoção da raiva com toda a intensidade envolve, claramente, tanto sensação quanto pensamento e possuir esse sentimento envolve processos corpóreos – sentimos nossas bochechas ardendo e nossos corações batendo mais forte, e assim por diante. Portanto, dentro da visão cartesiana, emoções desse tipo (ao contrário do *conteúdo-pensamento*) não pertencem à mente, mas sim à interação entre mente e corpo (ver abaixo). Praticamente o mesmo poderia ser dito a respeito de desejos e vontades: posso ter o simples pensamento de que, por exemplo, aquela maçã ali parece boa para comer, mas ter esse pensamento, apesar de necessário, não é o suficiente para ter o *desejo* de comer a maçã. Para se ter o desejo total pela maçã, também preciso de uma necessidade física para isso, a necessidade de satisfazer minhas necessidades físicas por comida. Vemos, uma vez mais, que a mente cartesiana não inclui desejos em seu sentido absoluto, mas apenas o pensamento de certas coisas como desejáveis. A mente cartesiana, em resumo, deve ser concebida como intelecto puro ou razão.

E o corpo cartesiano? Lembre-se de que ele foi definido puramente em termos de extensão ou de ocupação de espaço; corpos são essencialmente diferentes das mentes, portanto sua existência não envolve qualquer coisa mental relacionada com o pensamento ou com a consciência. Logo, para explicar o que acontece em nossos corpos, necessitamos apenas de conceitos espaciais e não de conceitos envolvendo pensamento (como o conceito de 'finalidade', por exemplo). Nesse sentido, nossos corpos são, para Descartes, um tipo de *máquina* como um mecanismo de brinquedo, embora, é claro, muito mais complexo e sofisticado do que tal brinquedo. Imagine que tivéssemos um mecanismo de um boneco baterista: quando fosse dada corda, suas mãos se movimentariam rapidamente para cima e para baixo batendo na bateria que ele segurava. Se fosse um baterista humano *real*, a forma mais natural para explicar seu comportamento seria encontrar uma finalidade para isso – ele quer fazer parte de uma banda, ou ele quer atrair pessoas para um show. Mas, no caso do brinquedo, não é preciso fazer isso. O brinquedo não possui nenhum motivo pessoal, comporta-se dessa forma simplesmente porque seu mecanismo funciona dessa maneira. As molas se desenrolam, causando o empenho de pequenos mecanismos no seu interior. Eventualmente, um mecanismo movimenta o próximo até certa distância, o que resulta nos movimentos dos 'braços' de metal que tocam o 'instrumento', ocasionando sons semelhantes a uma bateria. (Esses brinquedos mecânicos, ou autômatos, estavam muito em voga na época de Descartes e parecem tê-lo inspirado em sua concepção do corpo como uma simples máquina: ver Descartes 1985, p.139 ff.)[9]

Portanto, uma mente sem um corpo seria puro intelecto, ao passo que um corpo sem uma mente seria apenas um sistema mecânico. Muitos aspectos no comportamento de um ser humano vivo, é lógico, necessitam de processos mentais e corpóreos, tanto o pensamento quanto o mecanismo, em colaboração. Por exemplo, se vou sair para caminhar, preciso da intenção de fazê-lo (pensamento) e precisaria, de fato, movimentar meus membros apropriadamente, que é guiado pelos processos de meu sistema nervoso e músculos (mecanismo fisiológico). No entanto, existem alguns processos contínuos nos seres humanos vivos, de certa forma os mais básicos da vida biológica, que não necessitam de nenhum pensamento consciente, portanto, dentro da visão cartesiana, são, então, puramente mecânicos. Descartes estava deslumbrado com a mais recente descoberta do cientista inglês William Harvey sobre a circulação do sangue e, para tal, oferece uma explicação puramente mecânica do funcionamento desse processo quanto à contração e à expansão do coração, das artérias, veias, membranas, etc., sob a influência do calor forçando, portanto, o fluxo do sangue pelo corpo como qualquer outro líquido em um sistema de bombeamento hidráulico (ver Descartes 1985, p. 134 ff.).[10] No caso de animais não-humanos, seus comportamentos mostram, na opinião de Descartes, a carência da razão, logo, não possuem uma alma. Portanto, ele conclui que são apenas corpos, isto é, apenas máquinas cujos comportamentos não são diferentes, exceto talvez em seu nível de complexidade, quanto ao tipo de automação discutida acima.

Parte da motivação da visão dualista de Descartes encontra-se aqui. Ele estava interessado em melhorar a medicina ao torná-la, por assim dizer, mais científica. Um passo importante para atingir esse objetivo era convencer as pessoas de que o corpo humano, exceto onde interagia com a mente, era apenas um sistema mecânico. Como qualquer outra máquina, poderia equivocar-se, deixar

---

[9]N. de T. Indicação de traduções para a língua portuguesa cf. ao final da p.17.
[10]N. de T. Idem.

de funcionar apropriadamente ou, como normalmente chamamos em casos físicos, ficar doente. Portanto, a coisa racional a fazer, aos olhos de Descartes, era a mesma que se faria com qualquer outra máquina – identificar o erro do mecanismo e tentar repará-lo. Anteriormente, os médicos podiam acreditar que o certo a fazer seria o de compreender o significado da doença, a forma como o corpo se distanciava de seu objetivo natural e, então, encontrar uma maneira de retornar ao seu destino apropriado. No entanto, a visão cartesiana acreditava que os corpos não *tinham* um objetivo natural, pois apenas as mentes podem ter objetivos: eles eram apenas máquinas que poderiam errar, logo necessitando a intervenção mecânica. Grande parte da medicina ocidental moderna segue, de fato, essa linha cartesiana básica, apesar de possuirmos, hoje, um entendimento mais sofisticado das coisas como a neurofisiologia, a bioquímica, e assim por diante. A ciência, porém, ainda tende a considerar o humano e outros corpos como mecanismos – eles são apenas e simplesmente mais amplos e complexos do que os autômatos conhecidos por Descartes.

O dualismo de Descartes chegou a isso ao separar a mente do corpo. Mas essa conquista veio com um preço: a mente deve ser algo puramente *não*-mecânico e não possui conexão com qualquer coisa fisiológica ou, de alguma maneira, física. A mente deve ser algo puramente ímpar e não fazer parte do universo comum: isso porque todo o resto, na realidade, é composto pela mesma matéria configurada de formas diferentes, enquanto as mentes, por si só, não são compostas de matéria. Coisas compostas por matéria, incluindo o corpo humano, estão no espaço, sendo, portanto, observáveis por qualquer um na posição certa, e afetam outras coisas no espaço conforme as leis da física comum (por exemplo, se chutar uma bola com meu pé, o impacto causa o movimento da bola da mesma forma como o impacto de qualquer outro objeto físico similar). No entanto, minha mente, segundo Descartes, não é composta por matéria, não está no espaço, não é observável por ninguém, exceto por mim e não pode movimentar objetos físicos conforme as leis da física comum.

Portanto, temos aqui uma ilustração completa do mundo, onde as figuras das mentes humanas, corpos humanos e seus relacionamentos, formam apenas uma parte (apesar de ser uma parte muito importante). De um lado, estão as mentes que pensam sobre o mundo e sobre os objetos existentes nele (poderíamos denominar isso como a parte 'subjetiva' da exposição). Por outro lado, temos o mundo e os objetos sobre os quais as mentes refletem (essa é a parte 'objetiva' da exposição). O mundo objetivo apresenta uma união com isso: tudo é feito da mesma coisa ('matéria'), portanto, tudo o que acontece nele é governado pelo mesmo conjunto de leis decisivas, as leis da física. Nossos corpos humanos fazem parte desse mundo objetivo e são governados pelas mesmas leis físicas como qualquer outra parte; mas os nossos 'eus' essenciais, ou, nossas mentes, são como pontos desconectados fora do mundo objetivo e de suas leis, a partir das quais esse mundo pode ser observado. Se utilizarmos uma ilustração moderna, nossas mentes não fazem parte do mundo que observamos assim como pessoas em uma audiência de cinema não fazem parte do 'mundo' do filme que estão assistindo. O que acontece na 'tela' à nossa frente é independente de quaisquer pensamentos ou sentimentos que possamos ter a respeito de onde estamos sentados. Essa visão de mundo, de fato, se encaixa muito bem com os requisitos de uma abordagem científica moderna em sua sugestão de um único mundo governado por leis físicas simples (diferente do mundo qualitativamente diverso de Aristóteles), assim como sua implicação de que o que ocorre objetivamente no mundo é independente de como pensamos ou sentimos subjetivamente a seu respeito.

IV

Essa consistência com o tipo de visão do mundo exigido pelas novas ciências que estavam se desenvolvendo na época – desenvolvimento no qual Descartes teve um papel importante – era uma das atrações do dualismo cartesiano mente-corpo. Ligado a isso, como já mencionado, está a maneira pela qual parecia proporcionar uma melhor estrutura para uma medicina mais eficaz do que as antigas visões do corpo e de sua relação com a mente. Alguns também consideraram uma das atrações dos interesses dessa forma de dualismo, a maneira como ela parecia proporcionar um suporte filosófico para algumas das doutrinas básicas da religião Cristã, tais como a imortalidade da alma e o livre arbítrio. Descartes, ele mesmo, menciona a demonstração da possibilidade da imortalidade como um dos benefícios de sua posição na 'Carta Dedicatória' no início de sua *Meditações sobre a primeira filosofia* (ver Descartes, 1984, p. 3-6).[11] Fica claro que, se a alma é uma 'substância' distinta do corpo e, portanto, capaz de existir independente dele, então não *necessariamente* deixa de existir quando o corpo morre (se o mesmo *realmente* continua existindo, então pode vir a ser mais uma questão de fé do que de filosofia). Quanto ao livre arbítrio, se a alma não faz parte do mundo físico e, como tal, não é governada pelas leis da ciência física, então o que optamos em fazer não é governado por, ou previsível pelas leis físicas e, portanto, é livre das mesmas nesse sentido.

No entanto, uma doutrina filosófica não pode ser defendida simplesmente porque é atraente como um suporte para a religião ou até mesmo para a ciência e a medicina: necessita possuir *argumentos* válidos em seu favor e

---

[11] N. de T. Indicação de traduções para a língua portuguesa cf. no final da p.17.

defender-se contra *objeções* sensatas. O argumento principal de Descartes a favor de seu dualismo se inicia com seu 'método da dúvida' – o método de submeter todas as nossas convicções, as mais óbvias, em questão – e sua conclusão em uma indubitável proposta 'eu penso, logo existo', bem como as implicações daí advindas. Argumenta inicialmente que podemos duvidar de qualquer outra convicção e até mesmo da nossa convicção de que existe um mundo e que possuímos um corpo, no entanto isso implica que nossa existência como uma coisa puramente pensante não está aberta ao questionamento. Uma vez obtida sua aprovação a esse respeito, segue para o próximo estágio. Tendo argumentado que podemos conceber a respeito da não-existência de nossos corpos, mas não podemos conceber sobre nossa não-existência como coisas pensantes ou mentes, então nossa existência como mentes deve ser independente de nossos corpos ou de qualquer outra coisa que seja material, isto é, a mente e a matéria são substâncias distintas.

Quão bom é esse argumento? Vamos considerar os dois estágios separadamente. Primeiramente, será realmente o caso – *poderia* ser o caso – que a única proposição da qual não poderíamos duvidar é aquela que afirma nossa própria existência como seres puramente pensantes? Muitos filósofos observaram que duvidar de uma coisa pressupõe não duvidar de outras. Para realmente duvidarmos de alguma coisa é preciso de alguma razão para duvidar e essa razão deve ser algo do qual ninguém possa duvidar. Por exemplo, suponhamos que alguém no meio do deserto esteja morrendo de sede: acredita poder ver um oásis ao longe com poças de água e palmeiras. De maneira bastante razoável, pode duvidar se esse é um oásis *real* ou apenas uma miragem, uma artimanha de luz que assume forma devido ao seu grande desejo por água. Mas essa dúvida apenas faz sentido porque ele não duvida de outras coisas – que está no deserto, que miragens desse tipo ocorrem em tais condições, e assim por diante. Essas são suas *razões* para duvidar e a dúvida sem razões não é realmente uma dúvida que faça sentido. Duvidar da completa existência de tudo que nos cerca de uma vez só, portanto, parece impossível porque retira todo o sentido da idéia da dúvida.

Duvidar, em suma, acontece em situações em que o mundo não é posto em questão. Em particular, duvidar sobre a existência de qualquer coisa que nos cerca, fora de nós próprios, parece pressupor que não existe a dúvida de que estamos *dentro* do mundo, isto é, de que possuímos uma posição física dentro dele fornecida pelo próprio corpo. Portanto, a possibilidade de duvidar da existência de nosso corpo parece particularmente sem sentido. (É verdade que pessoas que sofrem de certas condições mentais patológicas, realmente duvidam da existência de seus próprios corpos: mas isso significa que ela é uma dúvida *patológica*, e não do tipo utilizado como método para atingir a certeza filosófica que Descartes afirma praticar.)

Uma objeção similar ao argumento de Descartes é a seguinte: é questionável se poderia ser o caso de que a *única* coisa da qual tenho certeza é de minha própria existência como um ser pensante, e de que tudo aquilo fora de meus próprios pensamentos esteja aberto a dúvidas. Para pensar, afinal de contas, o indivíduo deve pensar *sobre alguma coisa* – seus pensamentos possuem alguma referência além deles próprios (caso contrário, o que distinguiria um pensamento de um outro?). Descartes, ele mesmo, aceita o seguinte argumento: minha certeza quanto à minha própria existência como um ser pensante inclui a certeza de que possuo *pensamentos* de coisas fora de mim mesmo. Pode-se duvidar se o programa de digitação no qual estou escrevendo essas palavras realmente existe, mas não há dúvida, ele diria, que *parece-me como se ele existisse* e que, a partir disso, tenho a 'idéia' desse programa em minha mente. Mas isso levanta a questão de onde viriam tais idéias. Descartes, às vezes, argumenta como se, ao menos nossas idéias mais gerais sobre o mundo, fossem 'inatas', isto é, como se tivessem sido construídas dentro da própria estrutura de nossas mentes. Mas mesmo se alguém aceitasse esse argumento sobre nossas idéias mais gerais – idéias de extensão e consciência, de coisas e de suas qualidades, etc. – ainda seria preciso uma explicação da razão pela qual estou tendo, neste momento, idéias sobre este programa de digitação, da escrivaninha em meu gabinete, da luz do sol fluindo através das árvores do lado de fora de minha janela, e assim por diante. Normalmente, seria possível dizer que tenho tais idéias neste momento por causa da forma em que meus sentidos corpóreos estão respondendo à estimulação atual. Às vezes, é verdade, posso ter tais idéias sem a estimulação apropriada do momento, da mesma forma como tenho alucinações ou sonhos: mas seguindo o argumento levantado acima, é possível falar sobre alucinações ou ilusões em situações gerais em que alguém *não* está alucinando ou sonhando. Se este for o caso, então não se poderia ter a certeza da existência de alguém como um ser pensante, a menos que esse indivíduo também possuísse a certeza de que existisse nesse mundo como um ser físico com sentidos corpóreos.

Finalmente, é possível utilizar certa interpretação do argumento de Wittgenstein contra a possibilidade de uma linguagem puramente privada em oposição à opinião de Descartes nesse ponto (ver Wittgenstein, 1953, p. I 243 ff).[12] Descartes se vê, mesmo no final de seu processo de questionar todas as

---

[12]N. de T. Wittgenstein, Ludwig: a) *Investigações Filosóficas* [Tradução: José Carlos Bruni]; São Paulo: Nova Cultural, 2001, 207 p.; SERIE: Os pensadores, v. 46; Wittgenstein, Ludwig: b) *Investigações Filosóficas* [Tradução: Marcos G. Montagnoli]; 3.ed.; Petrópolis, Rio de Janeiro: Bragança Paulista, São Paulo: Vozes; EDUSF, 2005; 350 p. Em Espanhol: Wittgenstein, Ludwig: *Investigaciones Filosóficas* [Traducción castellana de Alfonso García Suarez y Ulises Moulines]; Mexico: Instituto de Investigaciones Filosóficas, Universidad Autonoma de Mexico; Barcelona: Editorial Crítica, 1988; 547 p.; Serie: Critica/Filosofia/ Clasicos.

coisas, apenas com a certeza de seus próprios pensamentos e seus conteúdos. Mas para ter essa certeza, ele deve possuir uma linguagem para declarar isso (é claro que ele *possui* tal linguagem na qual expressa suas conclusões em seus livros). Como se encontra no processo em que duvida da existência de qualquer coisa fora de seus próprios pensamentos, incluindo outras pessoas, essa linguagem deve ser puramente privada: isto é, Descartes deve, independentemente de seu uso, proporcionar o sentido das palavras para comunicar-se com os outros. Somente ele sabe o que quer significar por 'mente', 'pensamento', 'mundo', 'Deus' e assim por diante. No entanto, Wittgenstein argumentou que tal linguagem puramente privada era impossível, pois dizer que uma expressão própria como, por exemplo, 'livro', *significa* algo, é dizer que existe uma regra que governa quando ela pode ser apropriadamente utilizada ou não. Por exemplo, 'livro' pode ser aplicado à minha cópia dos trabalhos de Descartes que se encontra ao meu lado, mas não ao vaso com uma planta que está em minha escrivaninha. Se não houvesse tais regras, então nenhum termo possuiria qualquer sentido – isto é, os sons que produzimos não constituiriam uma linguagem.

Mas essas regras não podem ser puramente privadas: não posso ter meu próprio conjunto de regras, caso contrário seria uma questão de decisão arbitrária própria se uma expressão, em particular, está ou não sendo propriamente aplicada, visto que uma 'regra' que trabalha por decisão arbitrária não é verdadeiramente uma regra. Uma regra necessita de um tipo de controle objetivo quanto à sua aplicação correta e isso implica que as regras devem ser utilizadas por outros que possam, por exemplo, corrigir o meu uso ao chamar o vaso com uma planta de 'livro'. Portanto, se essa objeção é bem fundamentada, então Descartes não poderia estar certo de seus próprios pensamentos, a menos que estivesse certo da existência de outras pessoas a quem poderia, em princípio, comunicar esses pensamentos em uma linguagem comum.

A segunda etapa do argumento de Descartes a favor do dualismo depende da conclusão do primeiro e, portanto, pode ser inevitavelmente enfraquecido se essa conclusão não estiver de acordo. Aqui, seu argumento diz que podemos duvidar da existência de nossos corpos, mas não podemos duvidar de nossa existência como seres pensantes, portanto é possível existirmos como seres puramente pensantes sem corpos. Mas, naturalmente, se as objeções à primeira etapa forem bem fundamentadas, então a premissa desse argumento não foi estabelecida – é possível que nossa existência como seres pensantes dependa da existência de nossos corpos, logo, a segunda etapa não pode sequer ser iniciada. Mas, mesmo ignorando esse problema, será que o segundo argumento realmente funciona da mesma forma? Os primeiros críticos de Descartes, e muitos outros desde sua época, apontaram que a partir de um fato, se isso é um fato, que podemos duvidar da existência de nossos corpos, mas não de nossa própria existência como seres pensantes, disso não se segue que seja logicamente possível para nossos seres pensantes existir, mesmo se nossos corpos não existem.

Por exemplo, em suas objeções ao argumento de Descartes em *Meditações*, um dos primeiros críticos, Antoine Arnauld, utiliza a seguinte analogia: suponha que alguém tivesse certeza de que algo é um triângulo retângulo, mas (como é perfeitamente possível) duvida ou inclusive nega o teorema de Pitágoras, de que o quadrado da hipotenusa de um triângulo retângulo é igual à soma dos quadrados dos outros dois lados. Então poderia construir um argumento com a mesma estrutura do argumento de Descartes sobre mente e matéria. O argumento, conforme declarado por Arnauld diz:

> Eu percebo, clara e distintamente que o triângulo possui um ângulo reto; mas eu duvido que o quadrado da hipotenusa seja igual ao quadrado dos outros dois lados; portanto não pertence à essência do triângulo que o quadrado da hipotenusa seja igual ao quadrado dos outros dois lados.
>
> (ver Descartes)[13]

O argumento analógico é claramente inválido, pois ambas as premissas podem ser verdadeiras, mas a conclusão é falsa. Portanto, o argumento de Descartes, que possui a mesma estrutura, deve ser igualmente inválido. Aquilo que consideramos possível ou impossível duvidar nada nos diz sobre o que realmente existe, ou naquilo que depende ou não de alguma coisa para existir. O fato de que possa *dizer* que duvido da existência de meu próprio corpo, mas que não possa duvidar da minha existência, não comprova que eu poderia realmente existir sem um corpo, mas, tão somente, que posso ignorar a real dependência de meu pensamento sobre os processos corpóreos.

Portanto, o argumento positivo de Descartes para sua forma de dualismo, parece não provar seu ponto. No entanto, isso não é o suficiente para invalidar seu ponto de vista: afinal de contas, é possível que existam outros argumentos mais fortes em seu favor. O mais importante é observar se tal argumento suporta algumas possíveis objeções quanto ao seu posicionamento. As objeções a serem consideradas aqui serão algumas das mais usuais. Todas possuem algo em comum, e isso na medida em que, via de regra, julgam o dualismo cartesiano incapaz de levar em conta algumas coisas que parecem óbvias para muitos no que se refere às mentes e aos corpos humanos. A suposição, nesse tipo de objeção, diz

---

[13] N. de T. No original: *I clearly and distinctly perceive that the triangle is right-angled; but I doubt that the square on the hypotenuse is equal to the squares on the other two sides; therefore it does not belong to the essence of the triangle that the square on the hypotenuse is equal to the squares on the other sides* (Descartes, 1984, p.142)

Descartes, René: a) *Discurso do método para bem conduzir a razão e procurar a verdade nas ciências* [Tradução: Thereza Christina Stummer]; São Paulo, Paulus, 2002, 159 p.

Descartes, René: b) *Discurso do Método*; As paixões da alma; Meditações; São Paulo: Nova Cultural, 2000; 335 p.; Série: Os Pensadores.

que, se o dualismo fosse verdade, deveria dar conta, satisfatoriamente, da obviedade de tais fatos. Mas é claro que seria possível rejeitar tais objeções, seja pela não aceitação subentendida (argumentando que, afinal, o dualismo poderia levar em conta os fatos em questão), seja por não considerar a obviedade de tais fatos. Poderíamos, ainda, simplesmente rejeitar a suposição de que há um erro em uma teoria filosófica se esta não puder sempre ajustar-se àquilo que surge como fatos óbvios: mas essa seria uma atitude que necessitaria, por si só, maiores justificativas.

Os fatos que, supostamente, não foram levados em consideração serão examinados aqui: o da interação corpo-mente; o da unidade da personalidade humana; o da existência de processos mentais inconscientes; o das semelhanças entre os processos mentais de seres humanos e de outros animais, como, por exemplo, aquilo que nos foi revelado pela evolução biológica; e o da dependência de processos de pensamento nos funcionamentos do cérebro, como é apontado pela contínua e sofisticada neurociência.

As duas primeiras classificações dos fatos são diferentes das outras, pois fazem parte da experiência comum e não dependem, na sua avaliação, dos desenvolvimentos de áreas científicas mais especializadas (embora a terceira delas, dizendo respeito ao inconsciente, possa ser considerada como uma posição ambígua na divisa entre a experiência comum e a ciência).

Nossas vidas físicas e mentais parecem, obviamente, interagir de inúmeras formas. Quando estamos com indigestão (um estado corpóreo), podemos ficar irritados (uma disposição mental); quando estamos apaixonados por alguém (um estado mental), nossos corações podem bater mais rápido (uma condição corpórea). Quando quero muito aquela maçã que está em um dos galhos mais altos da árvore, esse desejo mental pode fazer com que estenda meu braço (parte de meu corpo) na tentativa de colhê-la. Ou, quando alguém sofreu uma lesão cerebral, isso pode fazer com que o indivíduo perca a memória ou que, inclusive, passe por mudanças radicais de personalidade. Todas essas coisas fazem parte de nossa experiência comum e, certamente, pode-se argumentar que qualquer explicação filosófica a respeito da natureza da mente e de sua relação com o corpo deveria enquadrá-las. A primeira e, provavelmente, a mais comum objeção ao dualismo cartesiano, é a de que o mesmo não é capaz de satisfazer a essa condição.

A objeção dirá que, se as mentes e os corpos não são apenas coisas distintas, mas tipos de substâncias absolutamente diferentes, então seria impossível explicar tais fenômenos simples do cotidiano como aquele no qual decido erguer meu braço e essa decisão faz com que meu braço se levante. Isto porque os movimentos de meu braço pertencem ao mundo físico, ao mundo da substância material no qual, conforme o dualismo cartesiano, tudo pode ser explicado em termos das leis de uma física mecanicista. No entanto, de acordo com o mesmo dualismo, meus pensamentos, isto é, minha decisão de erguer o braço pertence ao mundo bem diferente da substância mental não governada pelas leis da física mecanicista (e, talvez, por nenhum tipo de leis, exceto as leis da lógica). Portanto, como podemos explicar como algo que acontece em um mundo pode causar alguma coisa em outro?

Os exemplos dados que explicam a influência da mente sobre o corpo são todos casos que dizem respeito à emoção, ao desejo e à vontade que, conforme visto, não fazem, em absoluto, parte da mente cartesiana. Para Descartes, a mente equipara-se ao puro intelecto ou pensamento. Mas isso traz à tona o problema de maneira ainda mais evidente. Voltemos ao exemplo no qual decido levantar o braço e suponhamos que um professor faça uma pergunta aos alunos e peça que, se a souberem responder, ergam os braços. Como acredito saber a resposta decido, portanto, erguer meu braço. De acordo com a visão de Descartes, o que se segue é que tenho o puro pensamento de erguer meu braço e isso, de certa forma, causa algo completamente diferente, mais especificamente, o movimento apropriado de meu braço, ou seja, de sua posição de membro que pende ao longo do corpo, para uma posição vertical que aponta para cima. No entanto, o que pode significar 'causar' em tal contexto?

Normalmente, nossa atribuição a respeito de causas baseia-se em circunstâncias que estão ancoradas em generalizações, e com um sentido que indica a *maneira* pela qual a causa leva ao efeito. Consideremos um exemplo filosófico típico de um evento físico que causa outro: uma bola de bilhar batendo em outra e fazendo com que esta se movimente por uma certa distância e em uma direção determinada. Intuitivamente, sabemos (embora se quiséssemos, poderíamos explicar esse evento de modo mais preciso quanto às leis da física) que isto é o que normalmente acontece quando uma bola de bilhar bate em outra com tal força, a partir de uma certa direção: este é o tipo do conhecimento intuitivo no qual se baseia o jogador de bilhar para planejar suas jogadas. Portanto, sabemos *como isso funciona* – é o impacto de uma bola de bilhar sobre outra, fazendo com que esta se movimente: isso faz parte de nosso conhecimento intuitivo a respeito de como se comporta o mundo físico. No entanto, se Descartes estiver correto, nem o conhecimento intuitivo ou o conhecimento científico da física fazem parte das interações mente-corpo, uma vez que a mente não faz parte do mundo físico. Não é sequer verdade que, cada vez que penso em mover alguma parte do meu corpo, essa mesma parte se movimente em conformidade com meu pensamento. Isso, por exemplo, pode não acontecer devido à paralisia. No entanto, é possível explicar isso em termos da visão de Descartes?

Descartes, ele mesmo, reconhece o problema da interação, e procura oferecer uma solução. Existe um corpo no centro do cérebro chamado glândula pineal: na época de Descartes e durante muito tempo depois, havia uma incerteza quanto à função dessa glândula, embora hoje os neurocientistas possuam um melhor conhecimento a seu respeito. Descartes acreditou na possibilidade desse corpo ser o ponto de contato entre a mente e o corpo, o ponto no qual, as mensagens-pensamento oriundas da mente se concretizavam a partir de movimentos no cérebro e, por meio destes, nos nervos e nos músculos. No entanto, essa solução não poderia realmente funcionar: a glândula pineal faz parte do cérebro sendo, portanto, parte do mundo físico – ela ocupa espaço e, como tal, não pode pertencer ao reino mental, como havia definido Descartes. Logo, o problema não está resolvido, apenas modificou-se o foco: agora, a questão é de como o que acontece em nossa mente causa movimentos de um corpo físico como a glândula pineal.

Seguidores de Descartes procuraram demonstrar como nossa experiência da interação mente-corpo pode ser explicada dentro de uma estrutura dualista. A maioria dessas tentativas procura negar que a interação seja genuinamente *causal* no sentido normal explicado anteriormente. Por exemplo, no final do século XVII, o filósofo francês, Nicolas Malebranche (1638-1715) propôs a teoria chamada 'ocasionalismo'. Quando decido levantar meu braço e meu braço se ergue, diz Malebranche, não era propriamente a minha decisão que *causava* o movimento de meu braço, mas era Deus quem organizava as coisas, de forma que, na 'ocasião' de minha decisão, meu braço movimentou-se apropriadamente. Talvez uma analogia parcial poderia ser algo do tipo: você e eu possuímos um sistema que levantaria uma bandeira quando eu fizesse um determinado sinal de luz. Meu sinal de luz não *causaria* diretamente a elevação da bandeira, mas seria a *ocasião* na qual você levantaria a bandeira. Como uma teoria geral das interações mente-corpo, uma objeção óbvia ao ocasionalismo é que ela necessita que invoquemos, de maneira bastante arbitrária, a ação permanente de Deus para sustentar o dualismo, como uma explicação da natureza da mente: o que é, puramente, um mecanismo *ad hoc*. Além disso, o ocasionalismo não pode realmente explicar o motivo pelo qual algumas decisões não são acompanhadas por ações apropriadas, exceto ao apelar para propósitos misteriosos divinos e isso parece estranho para um fenômeno tão corriqueiro.

Uma tentativa um pouco diferente pode ser vista na teoria da 'harmonia preestabelecida' apresentada por Leibniz (1646-1716).[14] Essa teoria não re-

---

[14]N. de T. Embora não estejam nas referências, trazemos alguns dos textos traduzidos onde constam explicações a respeito da teoria da 'harmonia preestabelecida' de Leibniz.
Leibniz, Gottfried Wilhelm: *Sistema novo da natureza e da comunicação das substâncias* [Tradução e seleção: Edgar Marques]; Belo Horizonte: Editora UFMG: UFMG, Dep. de Filosofia, 2002; 113 p.; Série:Travessias.
Leibniz, Gottfried Wilhelm: *Discurso de metafísica* [Tradução: Gil Pinheiro, Apresentação Jose Carlos Orsi Morel]; São Paulo: Ícone, 2004; 111 p.; Série: Fundamentos de Filosofia;
Em espanhol: Leibniz, Gottfried Wilhelm: *Discurso de metafísica* [Introducción, Traducción y Notas: Julian Marias]; Madrid: Alianza; 1986;
Leibniz, Gottfried Wilhelm: *Teodicea: ensayo sobre la bondad de Dios, la libertad del hombre y el origen del mal* [Traducción: Patrício Azcarate]; Buenos Aires: Claridad, 1946.

quer a constante atividade de Deus, mas simplesmente argumenta que Deus possa ter organizado as coisas desde o início, de forma que, o que acontece na mente seja semelhante ao que acontece no corpo (seria possível e igualmente simples assumir que tal paralelismo acontece simplesmente, por acaso, sem envolver nenhuma intervenção divina). Uma analogia, utilizada pelo próprio Leibniz, é a de um fabricante de relógios que dá corda em dois relógios ao mesmo tempo para que, quando um relógio tocar ao meio-dia, o outro também o faça. A hora marcada no primeiro relógio não *causa* o horário do segundo, mas é sempre possível prever a hora de um relógio baseando-se no outro. Portanto, nesta perspectiva, isto apenas aconteceria (talvez porque Deus quis assim) quando eu pensasse: 'preciso levantar meu braço', meu braço se ergueria. No entanto, novamente, isso parece uma forma esquematizada de se levar em conta algo tão simples como decidir e agir, com base em uma decisão de alguém mas, mais uma vez, não explica a razão pela qual o paralelismo nem sempre funciona.

Parece então existir uma fraqueza séria no dualismo cartesiano, a menos que uma solução melhor possa ser dada ao problema da interação mente-corpo.

A interação da mente e do corpo, descrita dessa maneira, é uma instância da união experimentada pelos seres humanos. Normalmente, não nos sentimos como mentes frouxamente conectadas em nossos corpos similarmente a um piloto em um navio', como Descartes argumenta (cf. uma frase similar utilizada por Aristóteles e citada anteriormente neste capítulo). Conforme mencionado anteriormente, este braço é *meu braço*, o braço que utilizo para trabalhar, para abanar, para abraçar aquelas pessoas que amo e assim por diante: ao cortá-lo, *eu* serei a pessoa que sentirá a dor. Significativamente, Descartes reconhece esse sentimento e parece partilhá-lo (ver Descartes, 1984, p. 56).[15] O problema é que seu próprio dualismo parece implicar precisamente essa relação de um 'piloto em um navio' com nossos corpos. Se sou idêntico à minha mente e se ela é uma substância mental independente da existência de meu corpo, então se segue que sou independente da existência de meu próprio corpo, assim como a existência do piloto independe da existência de seu navio. Eu não sou, conforme a explicação de Aristóteles, distinto de meu corpo simplesmente como a forma independe da matéria numa situação em que, ambas, a forma e a matéria, são necessárias para compor uma pessoa individual. Pelo contrário, minha existência como pessoa está

---

[15]N. de T. Cf. as indicações de traduções para a língua portuguesa ao final das p.17 e 26.

inteiramente contida em minha mente, e meu corpo é apenas um apêndice frouxamente conectado a mim mesmo, ao menos nesta vida, e que será descartado, como em muitos sistemas religiosos, quando meu corpo morre e eu continuo a existir [espiritualmente]. A plausibilidade dessa visão depende da preferência das intuições comuns da unidade mente-corpo a esse tipo de espiritualismo ou vice-versa.

Os outros problemas mencionados anteriormente em relação ao dualismo cartesiano estão todos relacionados aos desenvolvimentos científicos de nossa compreensão sobre os seres humanos. Um avanço surgido nos últimos cem anos tem sido o da nossa maior consciência a respeito do papel de processos mentais *inconscientes* e nos modos pelo quais afetam nosso comportamento: pensamentos inconscientes, desejos e motivos inconscientes, fantasias inconscientes e assim por diante. Foi Freud quem procurou transformar a idéia do 'inconsciente' em algo moderno, apesar de existirem argumentos (e, às vezes, o próprio Freud afirma isso) de que sempre houve certo reconhecimento de que nem tudo aquilo que se refere à mente é completamente consciente. No entanto, para Descartes, o pensamento e outros processos mentais são, *por definição*, conscientes: a alma, como ele menciona na citação dada anteriormente, é 'mais fácil de conhecer que o corpo' (Descartes, 1985, p. 127).[16] Tudo aquilo que se encontra na mente é 'claro e distinto', portanto, os processos mentais inconscientes são impossibilidades lógicas e, em certos termos, contradições. É possível, no entanto, que se descubra uma maneira de descrever os fenômenos que denominamos 'inconscientes', de forma que fosse consistente com a definição de mental de Descartes: mas, na falta disso, parece que temos uma dificuldade séria com o dualismo cartesiano.

Parte da tendência no nosso pensamento sobre nós próprios que levou à ênfase sobre o inconsciente é, provavelmente, um reconhecimento cada vez maior das semelhanças entre, ao menos, alguns de nossos processos mentais e os de outros animais, sobretudo no que tange a nossos parentes mais próximos, os grandes primatas. Uma vez aceita, de um modo geral, a teoria darwiniana, que afirma termos evoluído de outras espécies por meio da seleção natural, tornou-se uma etapa natural visualizarmos a evolução de nossas capacidades mentais da mesma forma. Darwin, ele mesmo, deu esse passo em sua importante obra *Expressão das emoções do homem e dos animais* (1872).[17] No entanto, como visto anteriormente, o dualismo cartesiano faz uma nítida distinção entre os seres humanos e outros animais que, devido à falta de razão,

---

[16]N. de T.: Idem.
[17]N. de T.: Darwin, Charles: *A expressão das emoções no homem e nos animais* [Introdução: Konrad Lorenz; Tradução: Leon de Souza Lobo Garcia]; 4ª. reimpressão; São Paulo: Companhia das Letras, 2004, 376 p.

são meramente autômatos, da mesma forma que os brinquedos mecânicos familiares a Descartes. Se existe, realmente, um salto grandioso dos animais aos seres humanos, então fica difícil ver de que forma a transição poderia ter acontecido dentro de uma maneira evolucionista. O darwinismo é, com certeza, uma teoria científica empírica que pode não ser verdadeira: mas para quem a considera como um dos grandes acontecimentos da ciência moderna, o fato de que o dualismo cartesiano se encaixa tão mal a ela parece, no mínimo, levantar a questão da plausibilidade do dualismo.

Finalmente, quanto mais sabemos a respeito do funcionamento de nosso cérebro, parece mais convincente que nossos processos de pensamentos são intrinsecamente dependentes desses funcionamentos: certos tipos de lesões cerebrais levam à perda de memória, outros à perda do poder da fala; as personalidades das pessoas mudam como resultado de uma lesão cerebral; quando os cérebros passam pelos escaneadores PET[18] utilizados em diagnósticos modernos que fornecem uma imagem dos funcionamentos internos do cérebro, algumas partes especiais dele 'se iluminam' quando determinados tipos de atividades mentais acontecem, e assim, subseqüentemente. Descartes, ele mesmo, viu claramente uma relação entre a atividade cerebral e a atividade mental. No entanto, sua concepção da mente a distingue nitidamente do cérebro, assim como de outras partes do corpo: e essa distinção é tão acurada que se torna difícil verificar de que forma ele explica a aparente dependência da mente sobre o cérebro (e, certamente, do cérebro sobre a mente). Esse é um tipo específico de problema da interação mente-corpo e, sobretudo, como veremos no próximo capítulo, é, sobretudo esse modelo que conduziu a um certo tipo de reação contra o dualismo cartesiano e, ironicamente, em nome dessa visão científica moderna do mundo que Descartes, precisamente, tanto lutou para estabelecer.

---

[18]N. de T. No original: *'positron emission tomography'*.

2
Mentes e cerébros

I

Consideramos que outras pessoas, assim como nós, possuem tanto uma vida mental quanto corpórea como, por exemplo: no pensar, sentir, desejar, decidir, lembrar, e assim por diante (a vida 'mental'); bem como no respirar, comer, digerir, caminhar, dormir, e assim por diante (a vida 'corpórea'). Além disso, é a mesma pessoa quem decide sair para caminhar e quem, então, caminha. Algumas de nossas atividades têm um lado mental e corpóreo: ver, por exemplo, requer um impacto de luz em nossa retina e suas atividades nervosas conseqüentes, bem como uma consciência de ver e o reconhecimento daquilo que estamos vendo. No entanto, o dualismo cartesiano, conforme analisado anteriormente, considera o mental e o corpóreo como distintos um do outro e pertencendo a 'substâncias' separadas. Isso pareceu errôneo até mesmo para alguns dos primeiros críticos de Descartes. Além dos problemas anteriormente mencionados que necessitam explicar a interação mente-corpo, parece existir a possibilidade de uma ofensa contra um princípio de filosofia, amplamente aceito, chamado comumente de a 'navalha de Occam' (em homenagem ao filósofo medieval Inglês William de Occam). Esse princípio enuncia-se da seguinte forma: não multiplique entidades além do necessário, isto é, não postule mais tipos de coisas além das que você realmente necessita para prestar conta de um fenômeno.

Descartes poderia ser visto como indo contra a esse princípio, no sentido em que introduz uma misteriosa entidade extra para explicar o comportamento humano, a 'substância mental'. Na verdade, poderíamos prestar contas de tudo isso sem criar essa entidade extra, ao dizer, simplesmente, que os seres humanos são coisas materiais como qualquer outra e que seu comportamento pode ser adequadamente explicado pelo simples uso das mesmas leis físicas, químicas, etc., que utilizamos para esclarecer o comportamento de outras coisas materiais. Descartes, ele mesmo, havia dito que o comportamento humano, desde que a mente não estivesse envolvida, era como o comportamento de um autômato mecânico que, na sua época, estava em voga. No entanto, argumentavam seus críticos, por que não deveríamos dizer que os seres humanos eram como os autômatos (sem dúvida, autômatos bem mais complexos) em todos os sentidos, inclusive naqueles que envolviam o pensamento? Isso não produziria uma explicação da natureza, muito mais simples e elegante, em que o comportamento humano e de todo o resto seriam, em última análise, explicados pelo mesmo conjunto de leis? Eis aqui a concepção que poderíamos chamar de 'materialismo clássico' ou de 'fisicalismo clássico': a vida mental de seres humanos é um processo físico como todos os demais.

O desejo por uma única e unificada explicação para todas as coisas é uma parte crucial daquilo que podemos reconhecer como uma moderna abordagem científica do mundo no qual, Descartes, ele mesmo, ajudou a fundar. Na medida em que essa abordagem científica moderna se alastrou, a crítica materialista do dualismo cartesiano também se desenvolveu. Esse tipo de crítica pode ser visto nos contemporâneos de Descartes, como Hobbes, Gassendi e Locke (que questionou o motivo pelo qual Deus não poderia ter adicionado a capacidade de pensar à matéria, sem a necessidade de uma substância pensante separada). No entanto, essa abordagem realmente se alastrou no século XVIII pelo movimento conhecido como Iluminismo que objetivava substituir superstições à moda antiga, por uma visão baseada em uma razão científica. O título de uma das obras mais renomadas de uma figura iluminista, Julien de la Mettrie, tinha por título *L'homme machine* (*Machine Man*), e foi publicada pela primeira vez em 1747 (para uma tradução recente em Inglês, ver La Mettrie 1996).[1] Como o título sugere, La Mettrie descreve os seres humanos como partes complexas de um maquinário. Ele argumenta que a única forma de atingir qualquer forma de verdade possível, sobre esse ou outros assuntos, era a de utilizar a observação, em vez do tipo do raciocínio *a priori* de Descartes. Baseado nisso, negou que pudéssemos ter qualquer idéia clara a respeito da natureza humana. Mais especificamente, dizia que tudo aquilo que podíamos falar a respeito da alma era algo de muito vago e, sobretudo, dizer que ela seria a parte existente em nós

---

[1] N. de T. La Mettrie, Julien Offray de, 1709-1751: *O homem máquina* [Tradução: Antonio Carvalho]; Lisboa: Editorial Estampa, 1982; 200 p.

responsável pelo pensamento. Argumenta que uma pesquisa empírica indicaria que princípios de movimento comuns poderiam explicar não apenas a movimentação física, como também o pensamento e a percepção. Os temperamentos diversos, de pessoas diferentes, poderiam ser vistos como correspondendo às diferenças físicas e, já há tempo, acreditava-se que o transtorno mental poderia ser causado por mudanças no balanceamento de 'humores' no corpo (mudanças na bioquímica do corpo, como diríamos agora) ou por problemas relacionados às funções cerebrais. As diferenças entre seres humanos e outros animais podem ser vistas como uma questão de graus: seres humanos podem fazer coisas que os animais não podem, tais como o raciocínio geométrico e isso somente porque, segundo La Mettrie, possuem cérebros maiores e porque aprenderam a fazer essas coisas – um ser humano se torna um autor, para usar um de seus exemplos, da mesma forma que um asno se torna um animal de carga. A conclusão extraída dessas considerações é a de que o homem é uma máquina e que existe apenas uma substância, a matéria, cujas diferentes modificações produzem a variedade das coisas que vemos.

II

Se quisermos ver a pertinência dos desenvolvimentos mais recentes nessa área, necessitamos compreender as origens históricas do materialismo moderno. O materialismo continua sendo associado à crença na ciência moderna e à sua capacidade de explicar tudo que possamos desejar sobre o mundo e sobre nós próprios. A ciência, para a qual La Mettrie apelava, era rudimentar e encontrava-se nos primórdios de seu desenvolvimento. Mas, meio aos séculos que se passaram entre o seu e o nosso tempo e, sobretudo na segunda metade do século XX, nosso conhecimento sobre o cérebro e seus funcionamentos, apesar de ainda imperfeito, atingiu um alto nível de sofisticação. Provavelmente e, em parte, devido a esse motivo, surgiu recentemente uma renovação de várias formas de materialismo no movimento analítico em filosofia. Um dos exemplos mais antigos disso foi a 'tese da identidade mente-cérebro', desenvolvida por vários pensadores na década de 1950. Para que possamos explicar do que tratava essa tese, o melhor que podemos fazer é examinar uma de suas primeiras expressões impressas em um artigo de U.T. Place com o título 'Será a consciência um processo do cérebro?', e publicada no *British Journal of Psychology* em 1956 (as referências aqui se referem à versão reimpressa, Place 2002). Place argumenta que 'podemos identificar a consciência com um padrão específico da atividade cerebral': isso está descrito, não como uma conclusão filosófica de um raciocínio *a priori*, mas como uma 'hipótese científica razoável' (Place, 2002, p. 55). Place postula que poderiam existir bases científicas para a aceitação dessa hipótese, se a evidência empírica sugerisse que poderíamos 'explicar as observações introspectivas do sujeito pela referência aos processos cerebrais com os quais se correlacionam'.

O que Place está buscando é uma alternativa ao dualismo, uma forma de evitar qualquer sugestão de que necessitamos postular uma 'mente' separada, para que possamos explicar qualquer aspecto da experiência ou do comportamento humano. Argumenta, ainda, que muitos aspectos da vida humana mental podem ser tratados de uma forma claramente não-dualista por meio da doutrina conhecida como 'behaviorismo lógico'. Essa doutrina será mais bem explicitada no capítulo seguinte, mas, por ora, podemos resumi-la como sendo aquela em que declarações sobre algum fenômeno mental aparente podem ser traduzidas em declarações sobre nossas inclinações a nos comportarmos de um certo modo. Por exemplo, 'o objetivo mais importante para John é o de conseguir bastante dinheiro com seu negócio', poderia ser traduzido por 'se uma oportunidade se apresentasse para fazer dinheiro com seu negócio, John provavelmente a aproveitaria': como um behaviorista diria, a 'tradução' possui o mesmo significado da frase original, mas à diferença da primeira, não utiliza termos 'mentais' como 'possui o objetivo mais importante', mas refere-se apenas ao que John pode efetivamente fazer em certas circunstâncias.

No entanto, Place reconhece que existem alguns usos de conceitos mentais que não são tão facilmente processados nessa forma behaviorista como, por exemplo: a consciência, a experiência, a sensação ou a imagem mental. Devido às suas naturezas, esses conceitos parecem não ser equivalentes a qualquer tendência apresentada em um comportamento externamente observável, mas parecem desenvolver-se em um momento específico e, de certa forma, 'no interior' do indivíduo em questão. Quando sinto dor, por exemplo, posso ser tão estóico a ponto de não demonstrar minha dor sob qualquer forma observável por outras pessoas – posso, inclusive, nem dizer que estou sentindo dor. Posso até agir de uma forma aparente que se oporia à dor que sinto por dentro. Por outro lado, posso fingir que estou sentindo dor quando, de fato, não sinto nada. Nesse sentido, meus sentimentos são particulares à minha pessoa: ninguém consegue dizer, pela simples observação sobre meu comportamento, se estou sentindo dor ou não (ou felicidade, ou prazer, ou raiva, ou o que quer que seja). De forma similar, é impossível dizer, pela simples observação de meu comportamento aparente, se estou tendo imagens mentais e, este sendo o caso, de que são estas imagens; ou se estou vivenciando uma experiência consciente, apropriada à forma na qual estou me comportando. Place admite que essa privacidade de nossa experiência subjetiva pode parecer um argumento a favor do dualismo, de onde se segue que existe um hiato entre a experiência mental interior e suas manifestações aparentes pelos movimentos corpóreos. Portanto, se formos rejeitar o dualismo, precisamos demonstrar de que forma é possível oferecer uma explicação não-dualista de tais estados privados ou interiores.

Conforme supracitado, a explicação de Place é proposta não como uma doutrina filosófica, mas como uma hipótese científica: a sugestão é a de que futuras pesquisas científicas podem levar-nos a concluir que a experiência consciente é idêntica aos processos cerebrais e não aos estados de alguma 'substância mental' não-física. Os processos cerebrais estão, é claro, *literalmente*, em nosso interior e protegidos, de qualquer maneira, à observação comum. Ele os compara com a forma na qual a ciência nos levou a identificar o relâmpago, não com a raiva dos deuses, em um passado supersticioso, mas com um movimento de descargas elétricas na atmosfera. Da mesma forma, uma maior verificação científica organizaria nossa idéia do mundo, produzindo uma única e coerente explicação sobre as coisas, em que todos os fenômenos poderiam ser esclarecidos por, relativamente, poucas leis. Utilizando a frase de uma outra identidade teórica, Herbert Feigl, não existiriam quaisquer 'conexões nomológicas' (a palavra 'nomológica' vem do Grego *nomos* que significa 'lei'), isto é, quaisquer leis *especiais* exigidas na explicação de classes particulares de fenômenos (relâmpago ou consciência) que não se encaixaram às leis utilizadas para explicar outros fenômenos (como luzes elétricas ou problemas digestivos). Se essa é uma hipótese científica, onde entra a filosofia? Place outorga à filosofia um papel basicamente negativo: o objetivo de sua postulação está em provar que não existem argumentos filosóficos que permitiriam a alguém *rejeitar* a hipótese como logicamente impossível. Por exemplo, um argumento filosófico comum contra a identificação da consciência com processos cerebrais é o de que a expressão 'consciência', claramente, não *possui o mesmo significado* da expressão 'processo cerebral'. Isso é comprovado pelo fato das pessoas serem capazes de falar perfeitamente bem sobre seus estados de consciência, durante milhares de anos ('Estou zangado com isso', 'Sinto uma grande sensação de calma interior', etc.), sem estar a par de qualquer coisa sobre os processos que se passam em seus cérebros, inclusive, sem mesmo saber ou acreditar que o cérebro possui qualquer relação com a consciência. Tanto aqueles que relatavam esses estados, quanto os que os ouviam, ambos compreendiam perfeitamente o que diziam, portanto seu significado poderia não ter qualquer relação com o cérebro.

Place aceita essa hipótese completamente, mas nega que esteja relacionada à tese que ele tenta estabelecer. O argumento dado acima certamente prova que a consciência não é idêntica aos processos cerebrais da mesma forma que, por exemplo, triângulos são a mesma coisa que figuras planas dotadas de três lados. 'Triângulos são figuras planas dotadas de três lados' é uma verdade logicamente necessária, e isso de tal modo que, aqui, ela é *necessária*: quem a rejeitar estaria cometendo um erro lógico, indicando que realmente não compreendera o significado da palavra 'triângulo'. Por esse motivo, essa hipótese pode ser comprovada por um puro raciocínio *a priori*. No entanto, o 'relâmpago é um movimento de descargas elétricas', é uma afirmação de identidade que não é necessária e sim contingente. Quem negar esse fato está cometendo (conforme o que agora pensamos) um erro factual e não lógico; não pode, portanto, ser provado como verdadeiro pela pura razão, mas apenas pela investigação empírica. Da mesma forma, Place quer argumentar que a 'consciência é um processo cerebral': o que também é, conforme ele, uma afirmação de identidade *contingente*, e não, *necessária*. (Algo é 'contingencialmente' verdadeiro quando tão somente *vem a ser* verdadeiro e poderia ser concebível como falso). É necessário prová-lo (ou negá-lo) empiricamente, pois, conforme Place, 'as operações que devem ser executadas para verificar a presença dos dois conjuntos de características inerentes ao objeto ou ao estado de situações em questão, quase nunca são realizadas simultaneamente' se, de fato, o são (Place, 2002, p. 57). Podemos estabelecer que o relâmpago é um movimento de descargas elétricas somente ao observarmos esse relâmpago pela visão e então detectar, mediante outras maneiras, que ocorre apenas quando existe um movimento de descargas elétricas na atmosfera: isso nos leva a explicar a observação visual pelo movimento da eletricidade. Place postula que, de forma bastante similar, observaremos que as pessoas somente possuem experiências conscientes quando certos processos acontecem em seus cérebros e isso nos leva a compreender que os processos cerebrais explicam inteiramente a experiência consciente, e que nada de não-físico necessita ser postulado para elucidá-los.

Outra objeção à tese da identidade considerada por Place tem sido colocada em discussão por neurofisiologistas, como Charles Sherrington, apesar de ser essencialmente de caráter filosófico. Este é o argumento que parece ter dificuldade na explicação de algo como a experiência subjetiva de possuir, por exemplo, uma sensação de vermelho em termos dos processos cerebrais, na ativação de neurônios que não são, eles mesmos, vermelhos. Place responde que essa objeção baseia-se no que ele chama de 'a falácia fenomenológica', ou seja, a idéia errônea de que a descrição do que parece acontecer conosco está descrevendo 'algo acontecendo em um misterioso ambiente interno' (Place, 2002, p. 55). Em outras palavras, Sherrington assume que, ao dizer, 'Sinto uma sensação de vermelho' significa dizer 'Existe algo acontecendo dentro de mim e é vermelho'. De acordo com Place, o que deveríamos dizer é que possuir uma sensação de vermelho é uma resposta normalmente dada se alguém estivesse enxergando algo vermelho, exterior a ele próprio. Não é a *sensação* que é idêntica ao processo cerebral, mas sim, *possuir* a sensação que não é vermelha ou de nenhuma outra cor, e isso parece mais fácil explicar em termos do que se passa no cérebro.

III

Outro renomado defensor da tese da identidade é o filósofo australiano J.J. Smart: a discussão de Smart sobre a tese é semelhante à de Place de várias maneiras, mas apresenta algumas diferenças. Em seu trabalho *Sensations and Brain-Processes*[2] (Smart 2004), Smart deixa claro, desde o início, que é motivado pelo respeito à visão científica do mundo: diz que, cada vez mais, os descobrimentos das ciências nos possibilitam ver organismos vivos, incluindo organismos humanos, como meros mecanismos físico-químicos. No entanto, Smart, assim como Place, argumenta que, pelo menos à primeira vista, algo relacionado aos seres humanos não parece encaixar-se nessa descrição de *consciência*, essa aparente consciência interna que possuímos que não é obviamente expressa em nosso comportamento aparente: o exemplo de Smart mostra que o processo é o de ter uma imagem-residual.[3] Por exemplo, quando alguém olha para alguma coisa de cor laranja-amarelada e então fecha os olhos, ainda acredita ver aquela mancha laranja-amarelada: e isso pode ser descrito como 'possuindo uma imagem-residual laranja-amarelada'. Essa imagem-residual parece ser algo particular ao indivíduo em questão, algo que somente ele vê, e nada em seu comportamento exterior parece fornecer uma pista, a quem quer que seja, sobre a experiência pela qual está passando. Se abríssemos sua cabeça, não veríamos qualquer coisa laranja-amarelada. Tudo isso parece sugerir que uma imagem-residual deve ser algo não-físico.

No entanto, se aceitarmos isso, argumenta Smart, estamos inteiramente excluindo imagens-residuais e coisas semelhantes da teoria científica unificada que parece abarcar todo o restante das coisas do mundo. Smart utiliza a frase, já citada, de Herbert Feigl: imagens-residuais interpretadas dessa forma são 'conexões nomológicas' – ou seja, são restos soltos que não se encaixam sob as leis normais da ciência física. Mas a idéia de que deveriam existir

---

[2] N.de T.: *Sensações e processos cerebrais.*
[3] N.de T.: No texto original: *after-image.*

coisas reais fora do alcance de uma ciência unificada parece, a Smart, 'francamente inacreditável'. Isso é o que o motiva a ir em busca de boas razões para acreditar nela – em outras palavras, a não aceitar o dualismo cartesiano. Assim como Place, Smart é filosófico de uma forma essencialmente *negativa*: não oferece argumentos filosóficos *a favor* do materialismo: em sua visão, o materialismo deve ser aceito por qualquer pessoa cientificamente sensata, desde que seja provada a inexistência de boas razões filosóficas na aceitação de que o reino mental é excepcional, no sentido de que não se enquadra em uma única estrutura materialista. O objetivo de Smart é 'demonstrar que não existem argumentos filosóficos que nos obrigam a ser dualistas' (Smart, 2004, p. 118).

Para Smart, parece que existem apenas três possibilidades alternativas ao dualismo. Primeiramente, existe o behaviorismo que ele considera inadequado por motivos semelhantes aos de Place. Em segundo lugar, existe o que Smart chama de análises 'expressivas' wittgensteinianas que parecem ser relatórios sobre estados conscientes: nessa análise, o dizer 'Tenho uma dor em meu estômago', não está relatando algo chamado 'dor', mas é um substituto verbal para os caminhos naturais não-verbais de expressar dor, como gritar, fazer caretas, segurar a parte machucada, e assim por diante. Smart rejeita essa análise expressiva, pois não vê motivos para negar o fato de que ' Eu tenho uma dor' ou 'Eu tenho uma imagem-residual' sejam tão verídicos quanto os relatórios que dizem, por exemplo, 'tenho uma inflamação no meu pé'. Para Smart, parece existir apenas uma possibilidade: a de que experiências conscientes, como ter dores e outras sensações ou possuir imagens-residuais, *são* apenas processos cerebrais – que são literal e estritamente idênticas àquilo que acontece no cérebro quando alguém vivencia umas dessas experiências. Um dualista poderia aceitar o fato de que experiências conscientes estão sempre *correlacionadas com* os processos cerebrais (como no ocasionalismo de Malebranche[4] ou na harmonia preestabelecida de Leibniz[5]: ver Capítulo 1): mas algo só pode ser dito estar 'correlacionado a' alguma coisa se for distinto do mesmo. Smart procura saber se existe algum bom motivo para pensarmos que as experiências conscientes devem ser distintas dos processos cerebrais.

---

[4]N. de T. Embora nas referências não constem obras específicas de Nicolas Malebranche, sugerimos, a título de indicação: Malebranche, Nicolas: *A busca da verdade* [Textos escolhidos, seleção, introdução, tradução e notas de Plínio Junqueira Smith]; São Paulo: Discurso, Paulus, 2004; p. 334.

[5]N. de T. Indicações de traduções para a língua portuguesa de Leibniz cf. final da p. 29.

Ele considera várias razões tradicionalmente oferecidas para pensar dessa maneira (algumas dessas razões foram anteriormente mencionadas em conexão ao artigo de Place, portanto, consideraremos aqui apenas os tópicos *novos* feitos por Smart). Primeiramente, existe o argumento conhecido de que as pessoas podem falar sobre imagens-residuais, etc., sem conhecimento prévio a respeito do cérebro. No entanto, argumenta Smart, isso apenas demonstra, se é que demonstra algo, que podemos compreender o significado de 'imagem-residual' sem saber nada sobre neurofisiologia. Da mesma forma, ele diria que podemos falar a respeito do relâmpago sem conhecimento prévio sobre a eletricidade: mas isso não prova que o relâmpago seja algo diferente das correntes elétricas na atmosfera. Smart diria que a ciência nos mostra que isso é o que *realmente* é o relâmpago e que, hoje em dia, ninguém negaria a visão científica com o fundamento de que gerações de pessoas podiam referir-se ao relâmpago sem um conhecimento prévio da ciência. Portanto, por que deveríamos chegar a essa conclusão sobre consciência e processos cerebrais?

Isso leva à segunda objeção. Smart afirma que existe a possibilidade de que, à medida que a ciência se desenvolve, somos levados a concluir que a consciência nada mais é do que processos cerebrais. No entanto, alegações científicas, diria o opositor, são *falsificáveis* por natureza: são apenas hipóteses que podem ser falsas frente a uma nova evidência. Portanto, não importa o que a evidência possa indicar no momento, é possível que a tese da identidade fosse falsa e que o dualismo fosse, afinal de contas, verdadeiro. A resposta de Smart a isso foi a de aceitar que as alegações científicas são contingentes e, logo, abertas a falsificações perante uma nova evidência: mas, dizer então, que ele não está reivindicando nada mais que a tese da identidade *poderia*, de fato, vir a ser, verdadeira – e que nenhum argumento pode ser oferecido para provar que essa tese *deve* ser falsa.

Em terceiro lugar, o opositor poderia estar disposto a aceitar o fato de que não exista nenhum tipo de *substância* mental separada, mas que ainda estaria querendo defender um tipo diferente de dualismo, de acordo com o qual as *propriedades* mentais seriam tipos irredutivelmente diferentes, em espécie, das propriedades físicas. Por exemplo, as propriedades da imagem-residual incluem coisas como 'sendo laranja-amareladas' que não pertencem aos processos cerebrais que acontecem quando alguém tem a imagem. Por outro lado, o processo cerebral possui propriedades como estar localizado em uma parte específica do cérebro que não pertence à imagem-residual. No entanto, Smart responde, podemos explicar isso sem precisar dizer que a imagem-residual e o processo cerebral são coisas distintas. 'Ter uma pós-imagem laranja-amarelada', por exemplo, pode ser analisado como significando 'Ter alguma coisa acontecendo que é o que costuma acontecer quando alguém está realmente vendo algo laranja-amarelado'. Smart, assim como Place, enfatiza que sua alegação não significa que *imagens-residuais* são idênticas aos processos cerebrais, mas sim *possuí-las*: possuir imagens-residuais não é mais colorido ou localizado no espaço do que são os processos cerebrais. Essa resposta também serve para outra objeção, pois faz sentido dizer sobre os processos cerebrais, mas não das imagens-residuais, por exemplo, que são velozes ou lentas.

Logo após, Smart considera a crítica de que as imagens-residuais são essencialmente *privadas*, acessíveis somente à pessoa que as tem; enquanto que, por outro lado, os processos cerebrais são *públicos* e observáveis por qualquer um que se encontre numa posição adequada. Sua resposta a isso parece ser que essa diferença deve-se simplesmente às regras da linguagem que adotamos: decidimos que, normalmente, aquilo que alguém fala a respeito de suas próprias imagens-residuais não podem ser corrigidas por ninguém mais. A implicação *parece* ser a de que sempre podemos decidir adotar uma regra diferente, como por exemplo, que as declarações de outras pessoas, sobre suas próprias imagens-residuais, estão tão abertas à correção quanto suas declarações sobre seus próprios processos cerebrais. Se pudéssemos modificar nossas formas de falar desta maneira, então isso, presumivelmente, mostraria que não existe nenhuma distinção *metafísica* entre imagens-residuais e processos cerebrais. (No entanto, é importante ressaltar que Smart não estabelece em lugar algum que seria possível mudar nossas maneiras de pensar a respeito disso. Será *apenas* uma forma de falar ou será que existe algum sentido no qual isso se encontra consolidado na realidade das coisas? Smart simplesmente não leva estas questões em consideração.)

Logo após, Smart considera a possibilidade de uma 'experiência de pensamento' – uma tática um tanto comum adotada por alguns filósofos para demonstrar o que, supostamente, seria logicamente possível. Nesse caso, a sugestão é a de que podemos perfeitamente imaginar uma estátua de pedra (sem processos cerebrais) como tendo imagens-residuais e experiências conscientes semelhantes. No entanto, mesmo se isso fosse imaginável e, portanto, logicamente possível, Smart argumenta, isso não demonstraria que ter imagens-residuais não é, *de fato*, no mundo *real*, idêntico a um processo cerebral. (Ele está correto quando diz que isto não se segue, mas poderíamos ir mais adiante e duvidar, se realmente quiséssemos pensar sobre isso, o que realmente *significaria* um ser feito de pedra tendo experiências conscientes?). Smart conclui sua discussão ao referir-se, novamente, ao argumento de Wittgenstein contra a possibilidade de uma linguagem privada, já examinada no capítulo 1. Se a experiência consciente fosse genuinamente privada, conforme postula a teoria dualista, então, pergunta Smart, como é que a linguagem que utilizamos para falar sobre as imagens-residuais dos outros, as dores e outras experiências, poderia chegar a se estabelecer? Para que isso seja possível, essa fala deve referir-se a algo que possa ser publicamente dividido para que então possam existir critérios comuns que digam quando for certo ou errado dizer que 'tenho uma dor em meu estômago' ou 'tenho uma imagem-residual laranja-amarelada'. (No entanto, mais uma vez, disso não se segue que aquilo sobre o que nos referimos deva ser um processo cerebral: certamente, parece improvável que essa seja a forma de como concebemos uma referência pública sobre nossas conversas de dores ou de imagens-residuais.)

Os argumentos discutidos por Smart não são os únicos que podem ser utilizados pelos dualistas para demonstrar que a ciência nunca poderia provar que as experiências conscientes e os processos cerebrais são idênticos. Mas a análise de Smart sobre esses argumentos aponta para a plausibilidade de que não estaríamos incorrendo em nenhum tipo de erro filosófico se fossemos levados pelo desenvolvimento da ciência ao concluir que não existia nada mais acontecendo do que certos processos em nosso cérebro e em nosso sistema nervoso quando, por exemplo, temos uma imagem-residual laranja-amarelada. A única questão crucial que permanece para ambos, Place e Smart, é se isso demonstra que experiências conscientes e processos cerebrais são 'contingentemente idênticos'.

No coração de toda essa discussão encontra-se a questão do que exatamente *significa* dizer que uma coisa é 'idêntica à' outra – que não são duas coisas correlacionadas uma à outra, mas que, de fato, são a mesma coisa. Um filósofo muito discutido recentemente que levou em consideração essa questão, em parte conectada ao problema mente-cérebro, é Saul Kripke (ver especialmente Kripke, 1980).[6] Kripke aceita que algumas declarações de identidade são, certamente, contingentes: um exemplo que fornece é 'O homem que inventou as bifocais foi o primeiro Diretor Geral dos Correios dos Estados Unidos. As duas descrições utilizadas nessa frase, de fato, referem-se a Benjamin Franklin, portanto é uma declaração de identidade verdadeira. No entanto, é possível que não tenha sido verdade: Benjamin Franklin pode não ter inventado bifocais ou pode não ter sido o primeiro Diretor Geral dos Correios dos Estados Unidos.

Portanto, é uma declaração de identidade *contingentemente* verdadeira, além de ser uma outra declaração que descobrimos ser verdade por meio de uma pesquisa histórica empírica e não algo que poderíamos considerar como uma verdade *a priori* (como, por exemplo, '6 = 3 x 2'). No entanto, Kripke

---

[6]N. de T. Kripke, Saul: *El nombrar y la necesidad* [Tradução: Margarita M. Vades]; Mexico: Universidad Nacional Autonoma de Mexico, 1995.

argumenta que é um erro pensar que daí se segue que qualquer declaração de identidade descoberta como sendo empiricamente verdadeira seja, por isso, contingente.

Ao argumentar a favor disso, Kripke parte de uma convicção de que existe uma diferença entre referir-se a alguma coisa ao descrever uma propriedade que ela tem e de denominá-la diretamente como tal. É uma contingência, ou uma possibilidade da matéria, aceita Kripke, que uma descrição particular se aplique a um objeto específico (conforme o exemplo dado, a descrição 'inventor de bifocais' poderia não ter sido verdadeira a respeito da mesma pessoa, como a descrição 'Diretor Geral dos Correios dos Estados Unidos'). Mas não é, e não pode ser uma matéria contingente, diz ele, que um objeto seja a mesma coisa que ele mesmo: portanto, o dizer que 'A = B', onde 'A' e 'B' são dois nomes diferentes para o mesmo objeto, deve estar declarando uma verdade *necessária*, uma verdade que não pode ser falsa, não importa o que aconteça.

Existe uma antiga maneira filosófica de caracterizar uma verdade necessária: uma declaração expressa uma verdade necessária quando é 'verdadeira em todos os mundos possíveis', ou seja, ainda seria verdadeira independentemente de como o mundo possa ter mudado. Por exemplo, 'um triângulo possui três lados' é verdadeira em todos os mundos possíveis (ao menos em todos os mundos no qual existem triângulos), pois faz parte da *essência* de um triângulo, parte do que faz dele um triângulo, ou seja, de que é uma figura plana dotada de três lados. Portanto, independentemente de como o mundo possa ter mudado, não poderia haver um mundo em que, por exemplo, existissem triângulos de quatro lados. No entanto, a declaração de que o triângulo para o qual um professor específico de geometria esteja apontando em sua lição e é desenhado em giz sobre um quadro-negro, não é necessariamente verdadeira: o professor pode ter desenhado com uma caneta em um pedaço de papel ou pode simplesmente não o ter desenhado: é perfeitamente fácil de conceber, desse modo, o mundo como sendo, aqui, diferente. Tendo dito isso, podemos introduzir agora um termo técnico utilizado por Kripke: o de 'designador rígido'. Um designador rígido é uma expressão utilizada para identificar um objeto em termos de sua essência (como o 'triângulo' o faz), em vez de identificá-lo em termos de uma descrição que acontece ser verdadeira a respeito dele [triângulo] (como o seria 'a figura desenhada em giz sobre no quadro-negro pelo Sr. Smith'). Portanto, um designador rígido identifica o mesmo objeto em qualquer mundo possível: se 'A' e 'B' são ambos designadores rígidos de um certo objeto, então 'A = B' é uma declaração de identidade *necessária*, não *contingente*.

De que forma tudo isso está relacionado à questão mente-corpo? Kripke presume que os teóricos da identidade argumentam que estados conscientes, como a dor, são, de maneira contingente, idênticos aos estados ou aos processos cerebrais, assim como a ativação de certos neurônios, da mesma forma em que o relâmpago é, de maneira contingente, idêntico às descargas elétricas na atmosfera, ou (utilizando um dos próprios exemplos de Kripke) que o calor é idêntico ao movimento das moléculas. Os dois últimos exemplos deveriam ser identidades contingentes, pois precisamos de pesquisa científica para descobri-los, e a identidade mente-cérebro deveria ser contingente como algo que presumidamente será provado por futuras pesquisas científicas. No entanto, Kripke argumenta que isso está errado por dois motivos. Primeiramente, o 'calor é o movimento das moléculas', se isso for realmente verdadeiro, então é *necessariamente* verdadeiro, verdadeiro em todos os mundos possíveis, pois o 'calor' e 'o movimento das moléculas' são designadores rígidos. É da essência do calor que ele deveria ser o movimento das moléculas, e o fato de que foi necessária pesquisa científica da nossa parte para descobrir essa essência, não alterou em nada as coisas: não poderia existir calor sem o movimento das moléculas e vice-versa. (Seria possível, é claro, existir o movimento das moléculas sem que *sentíssemos* calor, mas a habilidade de causar sensações de calor em animais de certo tipo não faz parte da essência daquilo a que se refere cientificamente como calor.) Em segundo lugar,

> a forma na qual as mesmas [declarações como, por ex. 'Calor é o movimento das moléculas'] tenham se tornado verdades necessárias não me parece a maneira pela qual as identidades mente-cérebro poderiam vir a ser ou necessárias ou contingentemente verdadeiras.
>
> (Kripke, 1980, p. 99 ff.)[7]

Kripke argumenta que, do mesmo modo que o 'calor' e o 'movimento molecular', a 'dor' e a 'ativação de certos neurônios' são designadores rígidos. Ele questiona se 'Qualquer caso de essência pode ser mais óbvio do que o fato que *ser uma dor* é uma propriedade necessária de cada dor?' (Kripke, 1980, p. 146).[8] Inicialmente, isto pode soar como se Kripke estivesse apenas referindo-se à tautologia 'A dor é (necessariamente) uma dor'; mas o ponto que ele está levantando é mais sutil. Está dizendo que existe apenas uma forma de identificar algo como sendo uma dor, em qualquer mundo possível, especificamente devido à sua qualidade de dor. Sem possuir essa característica essencial, isso não seria algo como uma dor, assim como o triângulo não

---

[7] N. de T. No original: *The way in witch [i.e. statements like 'Heat is the motion of molecules'] have turned out to be necessary truths does not seem to me to be a way in witch the mind-brain identities could turn out to be either necessary on contingently true.* (Kripke 1980, p. 99 ff.)

[8] N. de T. Idem.

seria uma figura de quatro lados. Mas o mesmo é válido, diz ele, para o estado cerebral associado (vamos chamá-lo de 'B").

> não sendo apenas um estado cerebral, mas sendo mesmo um estado cerebral de um tipo específico, é uma propriedade essencial de B. A configuração das células cerebrais cuja presença em qualquer momento constitui a presença de B naquele momento é essencial para B, e na sua ausência, B não existiria.
>
> (Kripke, 1980, p. 147)[9]

De acordo com Kripke, em qualquer mundo possível em que B existisse, essa configuração de células particulares deveria existir.

Se Kripke estiver correto, portanto, a declaração 'A dor é uma configuração particular das células cerebrais', se verdadeira, seria *necessariamente* da seguinte forma: seria inconcebível que existisse dor sem a configuração de células cerebrais e que, por outro lado, essa configuração de células pudesse existir sem dor. No entanto, isso é claramente possível. Ter uma dor implica em sentir uma sensação desagradável e não há nada dentro da natureza de sentir essa dor que exija que o cérebro deva estar em quaisquer desses estados ou em qualquer outro estado específico. Da mesma forma, estar no estado B pode ser identificado, simplesmente, em termos da configuração particular de células envolvidas, sem qualquer referência a sensações de dor: supostamente, um cadáver que não possui nenhuma sensação, (ou uma pessoa viva anestesiada) poderia, por exemplo, possuir ainda um cérebro dentro do estado B. Portanto, mesmo que o progresso científico estabelecesse que quando sentimos dor nossos cérebros estão sempre, efetivamente, dentro do estado B, isso não estabeleceria que sentir dor e estar dentro do estado cerebral B sejam *idênticos*, ou seja, a mesma coisa. Um dualista cartesiano poderia muito bem aceitar, como já visto anteriormente, que existe uma correlação habitual entre estados de consciência e estados cerebrais, mas que, em si, isso não levaria à conclusão de que estados de consciência nada mais fossem do que estados cerebrais.

IV

No entanto, mesmo se aceitássemos o argumento de Kripke em toda sua extensão, sentimos ainda que o problema não foi descartado. Parte da força do materialismo, como o próprio Kripke reconhece, é a sua tentativa de ignorar o

---

[9] N. de T. No original: *not only being a brain state, but even being a brain state of a specific type is an essential property of B. The configuration of brain cells whose presence at any given time constitutes the presence of B at that time is essential to B, and in its absence B would not have existed.* (Kripke, 1980, p. 147). Cf. a indicação de tradução da obra mencionada de Kripke para a língua espanhola em N. de T. ao final da p. 43.

que chamamos anteriormente de 'conexões nomológicas' – fenômenos que não se encaixam nas leis gerais da ciência e parecem exigir leis especiais *ad hoc* próprias. Esta é, realmente, uma outra maneira de articular uma das dificuldades primárias do dualismo cartesiano, elaborado no Capítulo 1. Mesmo que Descartes estivesse perfeitamente dentro de seus direitos, logicamente falando, em aceitar o paralelismo entre estados cerebrais e estados de consciência, ainda permanece o problema de como ele deve explicar esse paralelismo. Poderia (como muitos filósofos atuais o fizeram) simplesmente aceitá-lo como um fato bruto, um mistério que jamais poderia ser resolvido adequadamente. No entanto, isso não parece satisfatório sob um ponto de vista científico, principalmente no que tange ao contexto de um crescimento constante de conhecimentos neurocientíficos detalhados a respeito dos paralelismos. Talvez, no entanto, possamos reformular o materialismo de tal forma que ignorará as objeções kripkeanas e ainda será capaz de oferecer respostas melhores das que Descartes poderia oferecer quanto aos problemas da interação.

A tese da identidade é uma teoria *reducionista*: isto é, procura mostrar que o estudo da vida mental humana (em suma, a psicologia) pode, eventualmente, ser considerado como uma ramificação de uma ciência mais fundamental, nesse caso, a Neurofisiologia. Dizer que se trata de uma 'ramificação' significa dizer que as leis da psicologia podem, elas mesmas, ser explicadas em termos das leis da neurofisiologia; ou sobre o que estamos realmente falando quando nos referimos aos pensamentos, às sensações, aos desejos e assim por diante, e que poderiam ser traduzidos sem a perda do sentido dentro das explicações sobre processos que ocorrem no cérebro. No entanto, esse tipo de reducionismo parece ainda oferecer explicações psicológicas específicas sobre suas próprias significações, e isso é parte do problema que dá origem às objeções de Kripke. (O significado de 'dor' parece ser diferente do de 'ativação de certos neurônios'.) Isso sugeriu que aquilo que o materialismo precisa não é de um reducionismo, mas algo muito mais radical: a real *eliminação* de qualquer ciência separada da psicologia, ou de qualquer idéia de que estamos falando sobre algo real quando utilizamos termos como 'pensamento', 'desejo', 'dor' e assim por diante, em vez de termos como 'ativação de certos neurônios'. Esta visão mais radical é, normalmente, chamada de 'materialismo eliminativista' ou, para resumir, de 'eliminativismo'.*

Os dois pensadores mais significativos do materialismo eliminativista são Paul e Patricia Churchland. Entre seus vários trabalhos e livros escritos, em conjunto e individualmente, um trabalho de Paul Churchland, chamado 'O materialismo eliminativista e as atitudes proposicionais' (Churchland 2004)

---

*N. de R.T. Cf. Simon Blackburn: *Dicionário Oxford de Filosofia*. Rio de Janeiro: Zahar, 1977, p.113 (Eliminativismo).

é, em particular, freqüentemente citado, pois trata-se de uma explicação muito clara e concisa sobre o que é o materialismo eliminativista e quais são os argumentos principais a seu favor. O artigo se inicia com uma definição:

> O materialismo eliminativista é a tese de que nossas concepções de senso comum sobre fenômenos psicológicos constituem uma teoria radicalmente falsa, uma teoria tão fundamentalmente defeituosa que ambos os princípios e a ontologia desta teoria eventualmente se deslocarão, ao invés de serem reduzidos suavemente, pela neurociência consumada.
>
> (Churchland, 2004, p. 382)[10]

As últimas palavras dessa definição são importantes. Da mesma forma que os teóricos da identidade, os eliminativistas procuravam o avanço da neurociência para livrar-nos de nossos problemas dualísticos, da nossa convicção tradicional de que possuímos uma alma não-física. Isso chegará a parecer supersticioso, acreditam os materialistas, assim como a convicção de que o relâmpago e o trovão expressam a raiva dos deuses, em vez de simples descargas elétricas na atmosfera. No entanto, ao passo que os teóricos da identidade continuam ainda falando sobre os estados de consciência e identificando-os a algo material e, mais especificamente, a estados do cérebro, os materialistas eliminativistas simplesmente dizem que 'assuntos sobre a consciência' representam um modelo obsoleto e uma teoria inútil para explicar o comportamento humano e necessita ser substituído por uma nova e melhor explicação que utilizaria apenas o vocabulário e conceitos da neurociência. Em vez de tentar *identificar* a dor com a ativação de fibras-C[11] e, portanto, abranger todas as dificuldades de Kripke sobre identidade, deveríamos simplesmente acabar, de um modo geral, com o assunto da dor e falar *apenas* sobre a ativação das fibras C (ou qualquer outro conceito que uma 'neurociência consumada' viria a utilizar para explicar o que acontece com os seres humanos quando sofrem lesões e, contorcendo-se, pedem ajuda, e assim por diante).

Isso implica pensar sobre nosso 'senso comum da concepção dos fenômenos psicológicos' como uma tentativa de fazer o mesmo tipo de coisas que fazem as teorias da neurociência, sem, no entanto, fazê-las tão bem. Muitas pessoas, talvez, a grande maioria, achassem essa comparação questionável. Normalmen-

---

[10] N. de T. No original: *Eliminative materialism in the thesis that our common-sense conception of psychological phenomena constitutes a radically false theory, a theory so fundamentally defective that both the principles and the ontology of that theory will eventually be displaced, rather than smoothly reduced, by completed neuroscience.* (Churchland, 2004, p. 382).

[11] N. de T. As fibras-C são um grupo de células nervosas ativadas em sincronia que produzem a sensação de dor. (Cf.: http://www.qmc.ufsc.br/qmcweb/artigos/dor/o_que_eh_dor.htm)

te, não consideramos nossas próprias explicações de senso comum, bem como o comportamento de outras pessoas, como sendo uma espécie primitiva de teoria científica, mas apenas como 'senso comum': isto é, como uma incorporação daquilo que já instintivamente compreendemos, simplesmente por sermos humanos, sem a necessidade de um estudo científico especializado.

Por essa razão, uma das primeiras coisas que os eliminativistas devem tentar é mostrar que as formas do senso comum para compreender o comportamento humano são apenas redes de conceitos que funcionam da mesma forma que qualquer outra teoria empírica. Os eliminativistas dizem que parece ser uma simples questão de senso comum, tão somente porque havia sido aceito como certo por um longo tempo: mas, tendo sido aceitos como certo por um longo tempo, não significa uma garantia de que a teoria esteja correta. Churchland compara a psicologia do senso comum ou a 'psicologia folclórica' [PF],[12] como gosta de chamá-la, com a visão que costumava ser sustentada antes da ascensão da física moderna no tempo de Galileu, e que poderia também ser chamada de 'física folclórica'. De acordo com a PF, por exemplo, as coisas possuem tendências naturais (tendências que fazem parte de sua natureza) para se moverem em certas direções: as rochas caem para baixo, em direção ao solo, pois faz parte da natureza dessas coisas; as chamas movem-se para cima, pois isso faz parte de sua natureza. Os fatos descritos são verdadeiros e essas generalizações proporcionam meios perfeitamente confiáveis de prever o que aconteceria se você deixasse cair uma pedra ou acendesse um fogo. No entanto, a física moderna progrediu em uma escala bem mais ampla na compreensão em relação à matéria em movimento, ao substituir, por exemplo, todas as discussões sobre as direções naturais do movimento pelas leis da atração gravitacional de Newton, que se aplicam igualmente às rochas, às chamas, aos planetas, às naves espaciais e a qualquer outro tipo de objeto físico.

Da mesma forma, diz Churchland, deveríamos considerar a PF como uma teoria a caminho do desgaste. Ele admite que, certamente, essa teoria nos permite, na maior parte do tempo, prever nossos comportamentos em situações cotidianas com sucesso significativo. No entanto, o fato de que isso aconteça, mostra que funciona como uma teoria científica que formula generalizações ou leis capazes de dar origem a previsões. Portanto, como qualquer teoria, pode ser superada por uma outra teoria que formule leis melhores que nos permitam fazer previsões bem sucedidas e mais abrangentes. De acordo com a visão de Churchland, a PF não supera expectativas tais como a natureza e a função do sono, ou o que ele descreve como 'o milagre da me-

---

[12]N. de T.: A partir de agora vamos nos referir à *Folk Psychology* como Psicologia Folclórica: PF.

mória com sua capacidade-relâmpago para resgates relevantes'. No entanto, Churchland dá importância a três exemplos em particular. Primeiramente, permanece grandiosamente misteriosa a natureza e as dinâmicas dos transtornos mentais; em segundo lugar, a imaginação criativa; e em terceiro lugar, as diferenças de inteligência entre indivíduos distintos. (No Capítulo 6, voltaremos a esses exemplos e os reconsideraremos tendo em vista nossa próxima discussão.)

Churchland argumenta que o mais característico a respeito da PF é o fazer uso da idéia de *intencionalidade*. No próximo capítulo, falaremos mais a respeito da intencionalidade, no entanto, algo deve ser dito aqui brevemente para que possamos explicar o ponto de vista de Churchland. A PF utiliza conceitos como 'pensamento', 'sentimento', 'desejo', 'esperança', e assim por diante. Por exemplo, diz-se que alguém agiu de certa forma porque essa pessoa acreditou que atingiria seus objetivos dessa maneira, ou porque ela sentiu-se desapontada com alguma coisa, ou desejou possuir algo, ou sentiu-se esperançosa quanto a certa resposta. Todos esses conceitos são 'intencionais', no sentido de que estão *direcionados para um certo objeto que pode ou não, efetivamente, existir*. Um pensamento ou um sentimento é um pensamento ou um sentimento *sobre* alguma coisa, um desejo ou uma esperança é um desejo ou uma esperança *por* alguma coisa e assim por diante. Aquilo sobre o que estou pensando pode ou não existir: posso pensar, por exemplo, sobre meu filho que realmente existe ou sobre uma filha que nunca tive. É este direcionamento para certos objetos particulares, em vez de quaisquer características internas, que define um pensamento ou outra entidade intencional, que diferencia, por exemplo, um pensamento de outro.

Os conceitos da neurociência, assim como aqueles da grande maioria das ciências, não são intencionais nesse sentido. Um conjunto particular de células cerebrais é diferenciado de outro conjunto simplesmente pelas características internas de cada um: que células inclui, onde se localizam no cérebro, qual o seu padrão de atividade elétrica, e assim por diante. Além disso, o que leva, de modo imediato, um conjunto particular de células cerebrais a se comportarem de certa forma, deve-se a algum objeto existente ou a um estado de coisas no cérebro que se comporta de uma forma adequada em um período anterior? Eis o motivo pelo qual a PF não pode ser reduzida à neurociência: seus conceitos não podem ser traduzidos para os conceitos neurocientíficos sem perda de significado. No entanto, quando uma teoria não pode ser reduzida a uma outra, precisamos considerar qual é a melhor dentro de um ponto de vista científico. Nesse sentido, Churchland acredita que a resposta seja óbvia: a PF é bastante inferior e deveria, portanto, ser abandonada do mesmo modo que a alquimia o foi, em favor da química moderna, ou ainda, como foi deixada de lado a visão na qual a terra era o centro de tudo, em favor do ponto de vista de que era apenas um planeta, circulando ao redor do sol.

Churchland nos oferece um número de razões para isso. Primeiramente, existem vários fenômenos, mencionados acima, que a PF, de acordo com ele, simplesmente falha em sua explicação. Essas falhas mostram 'decisivamente', diz Churchland, que a 'PF é, *no máximo*, uma teoria altamente superficial, um brilho sem penetração que se mostra parcial numa realidade mais profunda e complexa' (Churchland, 2004, p. 388). Em segundo lugar, a PF é 'inerte e improdutiva': isto é, seu poder explicativo não cresce continuamente como deve crescer em uma teoria científica viva. Churchland diz que, na realidade, não somos muito melhores em nossa explicação, no que tange ao comportamento humano, que os gregos antigos. Em terceiro lugar, ao contrário da neurociência, ela não se encaixa aos modos de pensar característicos da ciência física em geral. Este é o ponto, antes considerado, sobre as 'conexões nomológicas'. A neurociência utiliza os mesmos tipos de conceitos das outras ciências físicas e, portanto, é coerente com elas como parte de uma explicação científica unificada sobre o mundo, incluindo a nós próprios. Por exemplo, ela explica o comportamento humano em termos de processos eletroquímicos no cérebro, o que conecta o comportamento humano à teoria geral da eletricidade e, em última instância, à física fundamental e aos princípios químicos. A PF, com seus conceitos intencionais, apresenta uma forma de explicar o comportamento humano que simplesmente não pertence a essa visão científica unificada: de acordo com o termo que Churchland toma emprestado da filosofia da ciência, ela é 'incomensurável' com as categorias da ciência física. As ciências físicas não explicam os fenômenos em termos de conceitos intencionais: o arco-íris, por exemplo, não aparece no céu porque alguém deseja que ele aí se encontre, mas, simplesmente, porque a luz se difrata através das gotas de chuva.

O materialismo eliminativista é, portanto, a visão, não de que os pensamentos, os sentimentos e as sensações sejam idênticas aos processos cerebrais, mas que devemos parar de falar (pelo menos no que diz respeito aos objetivos científicos) sobre pensamentos, sentimentos e sensações e, sim, falar apenas sobre estados e processos no cérebro e no sistema nervoso. Churchland argumenta que isso nos proporcionaria uma forma completamente diferente e bem mais produtiva de explicar o comportamento humano, e que pertenceu a uma visão de mundo cientificamente unificada. Portanto, isso não é apenas uma alegação científica como a afirmação de que uma teoria neurocientífica seja melhor que outra: tal alegação científica poderia ser apoiada ou refutada por uma evidência experimental. A afirmação eliminativista é um argumento *metafísico* sobre a forma integral de como vemos a realidade e sobre o que existe nela (como diz Churchland, é sobre a 'ontologia', a teoria filosófica 'daquilo que é/existe'). Com efeito, os eliminativistas estão dizendo que não existem coisas como pensamentos, sentimentos, sensações, etc.; e que o que realmente existe são neurônios, neurotransmissores, correntes elétricas e outras coisas físicas ou materiais. É como se disséssemos que, na verdade, não existem coisas como os fantasmas, mas apenas artimanhas de luz capazes de enganar a pessoas nervosas em certas situações. Em ambos os casos, a evidência empírica não pode comprovar ou negar o argumento de uma maneira direta, pois depende de uma maneira específica de *interpretação* dos dados empíricos. No entanto, pode ser argumentado que (e esta é, basicamente, a maneira como Churchland o faz), se uma forma de interpretar os dados os explica de uma maneira mais produtiva e mais consistente com o resto da ciência, eis então a razão para aceitá-la.

V

Será que existem quaisquer objeções ao eliminativismo que não dependam de uma oposição geral a uma visão científica do mundo? Um número de críticas merece consideração. Um tipo de crítica surge de uma visão filosófica alternativa sobre a natureza dos conceitos mentais que teve importantes seguidores na filosofia atual: é a crítica que segue um ponto de vista chamado 'funcionalismo'. Para que a crítica do eliminativismo possa ser mais compreensível e também por motivos próprios, precisamos falar, neste estágio, sobre o que é o funcionalismo. (Embora precisemos levar em conta que, como os próprios funcionalistas concordariam, existem inúmeras versões sobre o que é o funcionalismo que nem sempre coincidem exatamente uma com a outra.) A idéia essencial do funcionalismo é a de que, quando falamos sobre 'pensamentos', 'sentimentos', sensações' e assemelhados, não estamos falando sobre coisas compostas por certo tipo de 'substância' (substância espiritual ou substância material), mas do 'papel causal do mesmo na vida mental de um organismo' (Fodor, 2004, p. 174). Tomemos um exemplo simples: para um funcionalista, 'dor' não é definida como algo que acontece na alma ou no sistema nervoso, mas como algo causado por coisas como uma lesão no corpo que induz a pessoa ou o animal afetado a fazer coisas como gemer, remover a parte afetada do contato com aquilo que o está machucando e tendendo a evitar contato com coisas que o ferem.

Nesse sentido, o funcionalismo é compatível, seja com o dualismo cartesiano, seja com o materialismo, ou até mesmo com qualquer outra teoria sobre o que acontece quando sentimos dor. No que diz respeito à teoria funcionalista, um ser de qualquer tipo – um computador ou um robô ou, digamos, um marciano – que foi construído diferentemente dos seres humanos ou de outras criaturas vivas terrestres, poderia, não obstante, sentir dor, desde que existisse algo que tivesse esse papel causal em sua vida. Fodor chama atenção, no artigo recém citado, que o funcionalismo despontou mediante reflexões sobre coisas, tais como a Inteligência Artificial [IA],[13] a teoria da computação e a cibernética. Em parte por esse motivo, é seguidamente veiculado por meio de uma metáfora derivada dos computadores, que a vida mental pertence ao *'software'* e não ao *'hardware'* – que ele é como um programa de computador que pode ser executado em computadores com construções físicas muito diferentes.

Para repetir, digamos que não há nada no funcionalismo que realmente possa eliminar o materialismo como tal. Um funcionalista poderia perfeita e consistentemente aceitar uma metafísica materialista, em que não existiriam tais coisas como a 'substância mental' de Descartes, mas apenas coisas físicas (coisas do tipo que são discutidas dentro da física). Alguns funcionalistas como Shoemaker, diriam até que o funcionalismo *implica* que termos mentais podem, em princípio, ser eliminados. No entanto, a maioria dos funcionalistas negaria isso, pelo motivo discutido por Churchland em seu artigo. Eles diriam que falar de pensamentos, sentimentos, etc., não pode ser eliminado, mesmo por princípio, pois faz parte da maneira pela qual *avaliamos* o comportamento humano como 'racional' ou 'irracional' (isto é a que Churchland se refere quanto ao caráter 'normativo' da PF). Vamos supor, por exemplo, que alguém sofra da alucinação de que é Napoleão: nós caracterizamos isso como uma 'alucinação', pois a consideramos uma crença irracional. Isto é, é uma crença para a qual ele não possui evidências suficientes de um tipo comprovado. De fato, essa pessoa prende-se a essa alucinação mesmo frente às significativas provas contrárias (não mora na França, mas na Grã-Bretanha, sua língua materna é o inglês e não o francês, ele mora no século XXI, não no XVIII ou no XIX, e assim por diante).

Podemos dizer que o comportamento dessa pessoa é irracional ao ponto que ele resulta de uma crença irracional: mas o termo 'irracional', mesmo sendo aplicado a coisas como crenças, não pode ser utilizado de maneira significativa para coisas como a ativação de neurônios. Portanto, o argumento diz que, na medida em que precisarmos fazer tais distinções, não podemos ficar sem a PF ou substituí-la pela neurociência, pois não podemos ficar sem tais conceitos psicológico-folclóricos como a 'crença' para fazer e para explicar a distinção. O filósofo Harry Putnam, diz Churchland, argumentara que a PF, portanto, não

---

[13]N. de T. No original *Artificial Intelligence*. A partir de agora IA.

podia ser tratada como uma teoria científica falsificável da forma como os eliminativistas o sugerem. No entanto, Churchland rejeita vigorosamente esse argumento funcionalista como 'uma fachada para a preservação do erro e da confusão' (Churchland, 2004, p.393). Ele o compara à tentativa de defender a alquimia contra a química moderna ao apontar para o suposto papel funcional de conceitos e explicações alquimistas. Certamente, diz, não é o caráter intencional dos conceitos da PF que possibilita avaliar o comportamento cognitivo humano nessas maneiras. O materialismo eliminativista pode aceitar que algumas formas de responder ao mundo que nos cerca são mais 'racionais' do que outras – mais eficientes, por exemplo, em satisfazer nossas necessidades. No entanto, ele argumenta, não precisamos utilizar conceitos intencionalistas para descrever o que as torna mais racionais.

> O materialismo eliminativista, portanto, não implica o fim de nossas preocupações normativas. Ele implica, tão somente, que elas deverão ser reconstituídas dentro de um nível de compreensão mais explícito, um nível que será proporcionado por uma neurociência mais madura.
>
> (Churchland, 2004, p. 395)[13]

No entanto, tudo isso é muito vago: jamais é especificado, em detalhes, o *quanto* uma 'neurociência madura' nos possibilitará fazer distinções normativas sem utilizar conceitos intencionalistas como o pensamento, a crença, o desejo, a esperança, e assim por diante. Supostamente, devemos aceitar isso de maneira confiante, mas existem muitas boas razões para não fazê-lo. Voltemos, novamente, para o homem que acredita ser Napoleão. Seu comportamento conseqüente poderia incluir coisas como vestir o uniforme napoleônico, agir imperiosamente em seus negócios com outras pessoas, expressar arrependimento sobre sua derrota em Waterloo, e assim por diante. Será que qualquer um desses modos de comportamento é irracional no sentido de ser uma forma ineficiente de assegurar suas necessidades *objetivas* (tal como a necessidade de comida, sono ou sexo)? Não necessariamente. É possível, seguramente, que seu comportamento tenha convencido outras pessoas, talvez mesmo devido ao medo, a dar-lhe comida e sexo. Se seu comportamento é louco, como claramente o aparenta, é porque resulta de uma *crença* louca; e a crença é essencialmente um conceito intencional: podemos distinguir uma crença de outra apenas em virtude *daquilo* que se acredita ser o que é. É difícil discernir de que forma essa crença louca de que ele é Napoleão

---

[14]N. de T. No original: *Eliminative materialism thus does not imply the end of our normative concerns. It implies only that they will have to be reconsidered at a more revealing level of understanding, the level that a matured neuroscience will provide* (Churchland, 2004, p. 395).

possa distinguir-se, em termos puramente neurológicos e perfeitamente sensatos, da crença em sua identidade tida pelo próprio Bonaparte. Sejam quais forem os processos cerebrais envolvidos na crença de que 'Eu sou Napoleão' (ou 'Je suis Napoléon') presumidamente devem ser os mesmos, independente da crença ser ou não ser irracional. Mesmo os processos-pensamento que levaram à crença, nos dois casos, podem ser distintos apenas mediante o uso de termos como 'lógico' e 'ilógico', e esses termos não fazem parte do vocabulário da neurociência como tal. Portanto, não podemos explicar sua ilusão em termos de conceitos da neurociência, por mais 'completa' que ela seja.

Mas isto é uma crítica que poderia ser igualmente aplicada ao funcionalismo, pelo menos como o define Fodor. Se termos mentalistas como 'pensamento' ou 'crença' são definidos em razão de seu papel causal – o que os causa e o que eles causam – será que isso facilitaria o uso de termos normativos como 'racional' aplicando-se a eles, mais do que a ativação de neurônios de Churchland? Descrever a crença de alguém como 'racional' ou 'irracional' significa aplicar a ela certos parâmetros humanos de racionalidade, e não descrever o que fez com que essa pessoa mantivesse sua crença, ou que efeitos teria em apegar-se a ela. Dizer que a crença de alguém é 'irracional' é dizer que esse alguém desviou-se desses parâmetros em uma situação em que poderiam ter sido reconhecidos e seguidos.

Essa é a forma na qual as operações mentais humanas não são como programas de computador. Os computadores podem, às vezes, ser chamados de 'máquinas lógicas', mas, na verdade, não agem logicamente: as conclusões às quais eles chegam podem, logicamente, derivar de premissas *aos olhos humanos*, mas os próprios computadores não estão sequer tentando obedecer às regras da lógica, estão apenas se comportando de acordo com aquilo que o programa causa neles. Além disso, mesmo que o funcionalismo, nesse sentido, não seja necessariamente 'materialista', no sentido de dizer que as mentes são feitas de coisas materiais, insinua que as mentes devem ser concretizadas em *algum* tipo de coisa, e esta coisa, muito provavelmente, deverá se materializar de alguma maneira. Os programas de computadores são, de fato, efetuados em algum tipo de material físico, mesmo que se apresente sob diversas formas; e se as operações mentais devem ser definidas em termos de seus 'papéis causais', então os argumentos poderiam ser os mesmos para a necessidade de uma ciência unificada, ao dizer que isto implica que a aparelhagem ou/ o suporte físico do pensamento[15] deve ser feito da mesma matéria que é considerada na física e na química.

---

[15] N. de T. No original: *the hardware of thought*.

Uma linha de defesa alternativa para o eliminativista seria dizer, assim como Churchland o faz, que deveríamos fazer um esforço para abstrair, do uso da PF, formas de falar, como se fizessem parte de nossas transações cotidianas, uma vez que isso esconde suas falhas em áreas mais teóricas (ver Churchland, 2004, p. 389). Poderíamos ampliar este ponto ao dizer que, enquanto a PF pode ter suas aplicações na vida cotidiana – ao nos permitir, por exemplo, fazer distinções entre crenças racionais e irracionais e o comportamento – isso não a torna uma verdadeira explicação sobre os seres humanos e seus comportamentos: para isso, precisamos recorrer à neurociência. Tudo isso nos leva ao cerne de toda a questão sobre as diversas formas do materialismo. Conforme repetido ao longo deste capítulo, o materialismo é, fundamentalmente, motivado pela suposição de que apenas a ciência, e a ciência compreendida de uma certa maneira, poderia nos revelar a verdade fundamental sobre nós mesmos e sobre o nosso lugar no mundo. É essa suposição que necessita ser questionada se formos realmente entender o que pode estar errado no materialismo clássico.

3
Subjetividade, intencionalidade e comportamento

I

Nos dois primeiros capítulos, consideramos algumas explicações filosóficas que estão baseadas na suposição de que a 'mente' é o nome de uma *coisa* ou de uma 'substância'. Se fizermos essa suposição, a questão de o que significa ter uma mente se transforma em: que *tipo* de substância ela é, do que é feita essa coisa chamada 'mente'. Ela pode ser vista como um tipo de coisa incomparável, absolutamente diferente de qualquer outra coisa material ou física, como no dualismo cartesiano. Ou pode ser considerada uma coisa como qualquer outra, algo que faz parte do universo físico e que é governada pelas leis da ciência física, assim como no materialismo clássico. No entanto, as dificuldades que vimos em ambos, tanto no dualismo como no materialismo clássico, sugerem que toda essa abordagem pode estar sendo erroneamente dirigida. Talvez devêssemos retroceder um passo e reconsiderar toda a questão sob um ponto de vista diferente. Em vez de considerarmos a pergunta 'O que é a mente?' como uma pergunta do tipo 'O que é ouro'?', a ser respondida mediante o desenvolvimento de uma teoria sobre sua natureza essencial, seria melhor, inicialmente, questionarmos o que significa quando falamos sobre as vidas mentais das pessoas, ou se elas têm mentes, assim como corpos. Isso significa, é claro, que elas são capazes de coisas como o pensamento, o sentimento e a sensação, bem como a respiração, a digestão e o caminhar. Podemos, então, perguntar se essas atividades 'mentais' e estados possuem atributos especiais e características próprias que as tornam diferentes, de maneira significativa, das atividades e dos estados 'físicos' ou 'corpóreos'. Esta abordagem muda o foco do nosso pensar sobre as mentes: concentramo-nos, agora, nos seres que 'possuem' mentes e no papel que, em geral, o 'mental' desempenha em suas vidas, em vez de pensarmos sobre o tipo de substância ou 'coisa' da qual são feitas as mentes.

Conforme havíamos visto, Descartes pensou que o essencial para o mental era a *consciência*: o que é mental é consciente e sem extensão, o que é material é extenso e inconsciente. Um pensamento, por exemplo, não é extenso: isto é, não ocupa qualquer espaço, não tem dimensões espaciais e não possui uma posição no espaço. Onde se encontra meu pensamento de que Descartes acreditava nisso? Poderia ser dito que está dentro de minha cabeça: mas, exatamente, onde em minha cabeça? Não poderíamos abrir o meu crânio e descobrir o meu pensamento sobre Descartes (apesar de que, provavelmente, poderíamos descobrir que parte de meu cérebro encontra-se ativo quando estou tendo pensamentos). Conforme vimos no Capítulo 1, não faz muito sentido perguntar quantos centímetros de comprimento possui o meu pensamento sobre Descartes (embora possamos perguntar qual é a extensão de um específico conjunto de neurônios). Dizer que meus pensamentos estão 'dentro de minha cabeça' parece simplesmente uma forma metafórica de dizer que estou pensando nisso, ou que o meu cérebro está ativo quando penso nisso.

De forma mais positiva, Descartes diz que meu pensamento é 'consciente': isto é, que quando penso, eu sei, sem precisar inferir, que estou tendo este pensamento. Se alguém me perguntasse 'O que você está pensando neste exato momento?', eu poderia responder imediatamente 'Estou pensando sobre a concepção de Descartes quanto à essência da mente'. Conforme argumentado no Capítulo 1, poderíamos discordar da opinião de Descartes baseando-nos no fato de que podemos ter pensamentos *in*conscientes, emoções, desejos, etc. No entanto, talvez, se refletíssemos um pouco sobre o que significa estar 'consciente', poderíamos chegar a uma visão mais ampla daquilo que é característico do mental, o que incluiria, mas iria além da definição de Descartes.

Do que se trata no pensar (para ficar com o mesmo exemplo) que possibilita aos pensamentos serem conscientes no sentido recém-definido? Sei o que estou pensando porque sou aquele que está pensando isso: não sei o que você está pensando a não ser que você decida dizer-me. Cada um de nós possui seus próprios pensamentos aos quais apenas nós temos, nesse sentido, acesso *direto* a eles. Outros podem, é claro, ter acesso menos direto, por exemplo, ao perguntar-nos o que estamos pensando, ou deduzindo nossos pensamentos baseando-se em nossos comportamentos externos ou em outra forma de evidência. Podem existir pensamentos meus aos quais, em geral, não tenho nenhum acesso e, no entanto, em casos como esses, outros podem, de modo indireto, saber melhor do que eu, o que estou pensando. Nada disso é inconsistente com o ponto importante de que, tão somente eu, posso ter acesso *direto* a meus pensamentos (e a aspirações, emoções, desejos e outros estados e atividades mentais). Nesse sentido, minha própria vida mental é definitivamente *minha* e não algo a ser dividido com outros. Mais importante ainda, apenas eu posso ter meus pensamentos e não posso ter os seus pensamentos: isto faz parte do que significamos com a palavra 'pensamento'. Podemos chamar isso de a 'subjetividade' do mental. Sou o *sujeito* de minha própria vida mental – *Eu* sou a pessoa que tem esses pensamentos, sentimentos, desejos, etc.; e nenhuma vida mental pode existir sem que seja a vida mental de alguém – não pode existir um pensamento sem um pensador, um sujeito. A subjetividade inclui a consciência no sentido de Descartes, mas também vai além disso: um pensamento ainda pode ser subjetivo, mesmo não sendo consciente.

A idéia da consciência tem sido associada a uma outra idéia que foi discutida brevemente no capítulo anterior, a da *intencionalidade.* Dizer que pensamentos, emoções e assim por diante são conscientes é dizer que são pensamentos *de* alguma coisa, sentimentos *sobre* alguma coisa, etc. Não faria sentido dizer que alguém estava, por exemplo, pensando, mas não estava pensando *sobre* alguma coisa. Existe um movimento na filosofia chamada 'fenomenologia' (a ser discutido mais detalhadamente ao longo do capítulo). Um dos princípios centrais da fenomenologia é o de que a consciência é intencional, expressa na divisa de que toda a consciência é a consciência *de alguma coisa*. Isso implica que, conforme o que foi dito no capítulo anterior sobre a intencionalidade, dizer que alguém está consciente é dizer algo sobre a relação daquela pessoa com algum objeto do qual ela está consciente. Foi o filósofo austríaco do século XIX, Franz Brentano, quem re-introduziu o termo medieval 'intencionalidade' para descrever essa referência essencial da consciência a um objeto. Em sua *Psychology from an Empirical Standpoint*[1], ele explica o termo 'intencionalidade' ao chamá-lo de 'referência a um conteúdo, uma direção rumo a um objeto (o que não deve ser compreendido aqui como significando uma coisa), ou objetividade imanente' (ver Brentano, em Moran e Mooney (eds.), 2002, p. 41). Um pensamento é essencialmente *sobre alguma coisa* e podemos distinguir um pensamento de outro apenas por meio da distinção a respeito de que eles são (seus 'objetos intencionais'): portanto, um pensamento sobre Descartes é um pensamento diferente daquele sobre Paul Churchland. Nesse sentido, o objeto intencional é 'imanente' ao pensamento, faz parte do pensamento, parte que faz dele aquilo que ele é. No entanto, diz Brentano, o objeto intencional não necessita ser uma 'coisa'.

---

[1]N. de T. *A psicologia sob um ponto de vista empírico* (Brentano, em Moran e Mooney (eds.), 2002, p. 41).

Pode ser uma qualidade, ou um estado de coisas, ou qualquer outra coisa que alguém possa pensar sobre, de uma forma significativa: o objeto intencional de meu pensamento pode não ser uma coisa como uma rosa, mas sim o cheiro dela, ou um lindo arranjo de uma guirlanda de rosas. É muito importante, conforme mencionado no capítulo anterior, que o objeto intencional de meu pensamento não necessita ser algo que exista na realidade, ou um estado de coisas do qual realmente se trata aqui: posso pensar sobre abstrações que não existem na realidade, ou sobre o passado que não existe mais, ou sobre seres mitológicos que nunca existiram e nunca existirão. (É claro, o que é discutido aqui sobre pensamentos também se aplica, com mudanças relevantes, a outros atos mentais e estados como sentimentos, desejos, anseios, esperanças, motivos, e assim por diante.)

Duas questões surgem a respeito da teoria da intencionalidade de Brentano. Primeiramente, será realmente verdade que *toda* forma de consciência deve ser intencional? Um exemplo óbvio, que parece não se encaixar, é a respeito da dor ou de sensações em geral. Sentir dor é um estado consciente: se alguém tem uma dor, reconhece isso imediatamente. No entanto, as dores não parecem ser *sobre* algum objeto: apenas o *são*. Dizendo de outra maneira, distinguimos uma dor de outra pelas suas características internas – sua intensidade, sua localização e assim por diante, e não mediante alguma relação a um objeto. Portanto, isso parece significar que precisamos limitar a abrangência da explicação de Brentano – nem tudo aquilo que é consciente é intencional. De modo interessante, muitos filósofos, ao fornecerem um exemplo de algo 'mental', tendem a se concentrar em sensações de dor (já houve vários exemplos disso neste livro). No entanto, se analisarmos assuntos comuns e não-filosóficos sobre as mentes das pessoas, isso não parece ser um exemplo tão óbvio. Pensamos a respeito de dores como algo 'mental' e, nesse sentido, elas são conscientes, conforme já havíamos dito e, certamente, são subjetivas: não poderia existir uma dor que não fosse a dor de *alguém*, e minha dor é necessariamente diferente da sua. No entanto, elas não parecem ser fundamentais àquilo que referimos como 'mental'.

Um outro exemplo que se aproxima mais do núcleo que consideramos o 'mental' são humores, tais como depressão, euforia, tédio e assim por diante. O problema aqui é um pouco diferente. Se estivermos deprimidos, por exemplo, então, certamente, estamos deprimidos *sobre* alguma coisa, logo, nesse sentido, a depressão, diferentemente da dor, pode ser intencional. Às vezes, estamos deprimidos sobre alguma coisa específica: assim como podemos estar deprimidos com o resultado de algum exame ou com a separação de alguém que amamos. No entanto, às vezes é difícil explicar com o que estamos deprimidos. Apenas nos sentimos deprimidos e se alguém perguntar o motivo, podemos muito bem responder, 'Ah, com nada em especial'. Podemos dizer que nossa depressão ainda possui um objeto intencional muito generalizado – estamos deprimidos 'com a vida' ou 'com o mundo'. Isso parece uma tentativa, contra a qual deveríamos resistir, a de encaixar humores, como a depressão, com uma visão geral do mental como intencional.

Portanto, talvez, o mais próximo que poderíamos chegar de Brentano e dos fenomenologistas seria dizer que a intencionalidade é uma característica do *núcleo central* de nossas vidas mentais, mas não necessariamente de áreas mais periféricas como sensações e humores.

Isso nos leva à segunda questão. Aquilo que é intencional é necessariamente algo consciente? Não obrigatoriamente. Um pensamento ou sentimento inconsciente, afinal de contas, ainda é um pensamento ou um sentimento sobre algo (caso contrário, não poderíamos chamá-lo de 'pensamento' ou de 'sentimento'). Se um dos pacientes de Freud tivesse uma raiva inconsciente de seu pai, isso seria tão intencional quanto uma raiva consciente: se odeio meu pai consciente ou inconscientemente, minha emoção ainda é direcionada a um objeto intencional, a saber, meu pai. A raiva inconsciente de meu pai poderia ser apenas diferenciada da raiva inconsciente de, por exemplo, meu irmão, porque seus objetos intencionais são diferentes. Portanto, a intencionalidade também inclui a consciência e vai além disso. As respostas a essas duas questões, se juntarmos o que foi dito anteriormente sobre a subjetividade, sugerem que é um erro *definir* o 'mental' de modo categórico ou pontual. O que denotamos ser o mental é, talvez, mais bem visto como uma questão de distinguir o núcleo central dos atributos humanos, das atividades, dos processos e assim por diante, aos quais o termo se aplica: e isso incluiria o pensamento, a emoção, o desejo e assemelhados, cujas características essenciais são a subjetividade e a intencionalidade. Logo, outros atributos humanos poderiam ser chamados de 'mentais' na medida em que se assemelhem ao núcleo central, por exemplo, por serem subjetivos, mas não intencionais.

II

Será que pensar no mental dessa forma faz uma nítida distinção entre o mental e o físico ou o material? Tal distinção poderia existir mesmo se o mental e o material fossem compostos pelo mesmo tipo de coisa: mesmo se os seres humanos não fossem nada mais do que organismos biológicos de certo tipo, ainda existiriam diferenças entre as maneiras centrais nas quais falamos sobre as atividades desses organismos que envolviam o 'mental' e aqueles que não o envolviam. Por exemplo, a subjetividade e a intencionalidade poderiam ser inferidas quando falamos de alguém que está pensando em seu jantar, mas extremamente irrelevante quando falamos sobre essa pessoa digerindo seu jantar. Isso realmente parece ser o caso. Meu pensamento sobre meu jantar é necessariamente *meu* pensamento e não o de outra pessoa: mas o processo digestivo que, de fato, está acontecendo em meu corpo poderia ser exatamente o mesmo que acontece no corpo de outra pessoa se, por uma cirurgia complicada, meu sistema gastrintestinal tivesse sido transplantado para o dessa pessoa. Portanto, os órgãos digestivos e os processos que são meus, de fato, poderiam ter sido os de outra pessoa. Similarmente, o meu pensamento sobre o meu jantar é essencialmente intencional, e isso implica, neste caso, que eu tenha algum conceito do que seja 'jantar' – como posso pensar sobre o jantar a não ser que eu soubesse o que era o 'jantar'? No entanto, a digestão do jantar pode ser totalmente descrita sem qualquer referência a 'jantar' como um objeto intencional, apenas em termos de suas propriedades internas. Um camundongo digere seu jantar no sentido exato que o ser humano o faz.

Isso cria dificuldades para a versão da tese da identidade do materialismo. De acordo com essa tese, conforme visto anteriormente, os pensamentos, os sentimentos e as sensações são identificados como processos cerebrais. Mas, se os pensamentos e os sentimentos possuem propriedades da subjetividade e da intencionalidade quando, por outro lado, os processos cerebrais não as possuem; o menos difícil é ver como os dois tipos de coisas podem ser identificados. Se as sensações possuem subjetividade quando os processos cerebrais não a possuem, assim as dores e as ativações de neurônios não podem ser idênticas (isso, é claro, faz parte do ponto de Kripke). Certamente é verdade, conforme salientado por Smart, que o relâmpago pode possuir certas propriedades, ao passo que as descargas elétricas na atmosfera não as possuem – como o brilho, esplendor e assim por diante, mas isso não nos leva a negar que são idênticos. No entanto, a diferença, nesse caso, encontra-se simplesmente entre as propriedades intrínsecas presentes nas descargas elétricas e os efeitos que provocam nos humanos que os percebem. Esse é um tipo desigual de diferença daquela entre as propriedades intrínsecas dos pensamentos e os processos cerebrais. Não é surpreendente que os materialistas eliminativistas tenham procurado evitar este problema pela simples negação de que os conceitos de intencionalidade e de subjetividade ocupem qualquer lugar numa explicação racional do comportamento humano.

Mas isso também cria dificuldades. Para alguns propósitos, conforme visto, não podemos providenciar uma tese racional do comportamento humano *sem* utilizar os conceitos de subjetividade e de intencionalidade. Se, por exemplo, quisermos proporcionar uma explicação do motivo pelo qual uma pessoa é eliminativista enquanto outra é um dualista cartesiano, essa não será uma explicação satisfatória ao dizer que os processos cerebrais da primeira pessoa eram diferentes daqueles da segunda pessoa. Saber o que se passa em seus cérebros quando formulam suas opiniões filosóficas, não nos diz o porquê uma pessoa possui uma opinião diferente da outra. O que é preciso, para compreendermos isso, é alguma idéia de suas respectivas *razões* para aceitar suas opiniões. Por que uma pessoa está convencida dos argumentos a favor do eliminativismo enquanto outra acredita que aqueles a favor do dualismo são mais convincentes? Para que alguém se mantenha dentro de uma opinião filosófica é preciso, até onde se estende nosso conhecimento, que possuam um cérebro funcional e, mais especificamente, um que possibilite fazer argumentos lógicos. Mas isso não é o suficiente: também devem *utilizar* esses poderes de argumentação apropriadamente ao compreender e avaliar argumentos e chegar às suas próprias conclusões. Isso envolve possuir certos parâmetros de avaliação para os quais alguém se dedica: dessa forma, estes são *seus próprios* parâmetros e a conclusão atingida ao utilizá-los é a *sua própria* – ela é 'subjetiva', no sentido explicado. E isso envolve possuir crenças, um conceito intencional: o eliminativista, por exemplo, possui a crença de que os argumentos a favor daquela posição são mais fortes do que os contra. O objeto intencional da crença do dualista é uma proposta um tanto diferente e é isso que faz com que a crença do dualista seja diferente daquela do eliminativista.

Parece que necessitamos dos conceitos de subjetividade e de intencionalidade, portanto, para falar sobre o comportamento humano sob alguns pontos de vista e parece que não estamos conseguindo identificá-los com características dos processos cerebrais. Esses conceitos, portanto, impõem sérias dificuldades para ambas as formas de materialismo consideradas. No entanto, também criam problemas para o dualismo cartesiano. À primeira vista, parece estranho dizer isso, pelo menos a respeito da subjetividade: pois, certamente, é possível imaginar que todo o ponto da posição de Descartes encontra-se no fato de nossas mentes serem subjetivas – que a minha mente é essencialmente diferente da sua e diretamente acessível apenas por mim. Contudo, é possível argumentar que a consideração de Descartes sobre a subjetividade da consciência é insustentável. Para ele, a minha mente é apenas acessível por mim porque é inteiramente distinta de qualquer outra coisa física e, logo, não é observável, de uma forma normal, por outras pessoas. É um mundo interno privado que não faz parte daquele que dividimos com os outros. Mas nesse caso, ao que o 'eu' se refere quando, por exemplo, eu digo acreditar que o dualismo está equivocado, é algo ao qual apenas eu tenho acesso: você não pode e não deve compreender ao que o 'eu' está se referindo ao ser utilizado por mim. Mas nesse caso, como podemos distinguir minha mente da sua mente (a mente a qual você se refere quando *você* utiliza o termo 'eu')? Em suma, não é possível distinguir mentes diferentes, a menos que o termo 'eu' possua um significado *em comum*, de tal forma que eu possa significativamente dizer que o termo 'eu' para você refere-se a um sujeito diferente daquele ao qual ele se refere para mim. (Isto é uma conseqüência do argumento de Wittgenstein contra a possibilidade de uma linguagem puramente privada, discutida no primeiro capítulo.)

A subjetividade, por mais surpreendente que possa parecer é, portanto, um problema para Descartes apenas porque ela diz respeito à possibilidade de distinguir meus pensamentos, anseios, desejos, propósitos, e assim por diante, dos seus; o que, por sua vez, requer que o 'meu' e o 'seu' devam ser termos em uma linguagem partilhada por ambos. O problema com a intencionalidade está ainda mais claro. Ao dizer que a consciência ou, de maneira mais ampla, a vida mental é essencialmente intencional, é dizer que ela se define, não por suas características internas, mas por seus rumos em direção a alguma coisa fora de si mesma. O meu pensamento sobre Pedro difere de meus pensamentos sobre Paulo, pois eles possuem objetos intencionais diferentes, mesmo se a estrutura gramatical ou as nuanças emocionais, ou seja o que for dos dois pensamentos, são as mesmas. No entanto, para Descartes, o pensamento, ou a consciência, é definida por suas características internas: é algo que acontece no 'interior' de uma pessoa, é algo de não-físico, e assim por diante. Para descobrir sobre o que estou pensando, devo olhar para dentro de mim mesmo, fazer uma 'introspecção', e descobrir que estou pensando sobre, por exemplo, 'Que pessoa gentil é Pedro!' Mas fazer isso apenas me dirá o que estou pensando se souber a que o nome 'Pedro' se refere (bem como quais são os significados das outras palavras na frase). Isso envolve relacionar meus pensamentos ao mundo externo onde Pedro existe, pois 'Pedro' se refere a *Pedro*, o homem que está lá e não à idéia do Pedro que existe em minha mente. Outra maneira de expressar isto seria dizer que a mente cartesiana poderia existir, mesmo se o mundo externo incluindo Pedro, não existisse: mas então o meu suposto pensamento sobre Pedro não estaria relacionado a Pedro: seria, certamente, sobre uma idéia de Pedro que só existiria em minha mente.

Portanto, ambos, o materialismo e o dualismo cartesiano, em suas formas diferentes, possuem dificuldade com a subjetividade e a intencionalidade da vida mental, que parecem ser as características fundamentais de qualquer coisa que poderíamos reconhecer como uma vida mental. Isso sugere que existe algo radicalmente errado em ambas as visões. Qual seria o defeito? Parece que retornamos ao ponto levantado no início deste capítulo, o de que ambos, o dualismo e o materialismo, referem-se à mente como um tipo específico de coisa. É isto o que têm em comum e aquilo que faz o materialismo clássico, como uma teoria da mente ser, de certa forma, um parasita do dualismo. O dualismo cartesiano é da opinião que dizer que os seres humanos possuem mentes é dizer que eles são compostos de duas substâncias, a mental assim como a material. O materialismo clássico simplesmente apaga a primeira dessas duas substâncias e argumenta que dizer que os seres humanos possuem mentes é simplesmente dizer que eles têm um cérebro, uma parte específica do corpo e, portanto, uma coisa material. Essa é a suposição compartilhada de que a 'mente' nomeia uma coisa que parece ser a raiz dos problemas que observamos em ambas as teorias.

III

Um renomado filósofo que pensava dessa forma foi Gilbert Ryle que lecionou em Oxford, da década de 20 à década de 60, no século XX. Em vários livros e artigos, mas especialmente em sua maior obra *The concept of mind* (Ryle, 1990[2]), Ryle criticou o dualismo cartesiano (mas até certo ponto, o que chamávamos de materialismo clássico) baseado na suposição de que o mesmo era culpado pela 'categoria engano'. Ele explica o que quer dizer com esse termo da seguinte forma: 'ele representa os fatos da vida mental como se pertencessem a um tipo ou a uma categoria lógica (ou a uma variedade de tipos de categorias), quando realmente pertencem a uma outra' (Ryle, 1990, p. 17). Simplificando ao máximo, Ryle alega que o dualismo cartesiano trata 'a mente' como o nome de um tipo de coisa específica (como pertencendo a uma categoria de coisas), quando, de fato, é uma forma de se referir a certos tipos de propriedades e relações dos seres humanos (pertence à categoria ou categorias das propriedades e das relações). O dualismo cartesiano é descrito, com um 'abuso proposital', e utilizando as próprias palavras de Ryle, como 'O Mito do Fantasma na Máquina' (e, por inferência, o materialismo clássico é, da mesma forma, a visão mítica da máquina sem um fantasma). Esta frase é escolhida porque Descartes considera a mente como uma estranha substância espiritual (um 'fantasma') que, de alguma forma, está localizada em um corpo que é puramente mecânico nas suas operações (uma 'máquina).

De acordo com Ryle, os enganos de categoria são equívocos 'típicos dos filósofos'. São cometidos quando não prestamos suficientemente atenção às

---

[2]N. de T. *O conceito de mental*. Em espanhol: Ryle, Gilbert: *El concepto de lo mental* [Tradução: Eduardo Rabossi]; Buenos Aires: Paidos [1967], 284 p; Serie: Biblioteca de filosofia; Serie mayor 1.

formas pelas quais falamos efetivamente sobre algo, mas tentamos permanecer em um nível puramente abstrato ou teórico. Neste caso, os filósofos são tentados a ignorar os tipos de modos nos quais, de fato, *utilizamos* palavras como 'mente' – os modos como falamos sobre as mentes e as vidas mentais das pessoas em contextos habituais – e procurar, no vazio, projetar alguma teoria geral de como deve ser uma mente, para adaptar algumas idéias pré-concebidas, derivadas da religião, da ciência ou de uma antiga filosofia. No entanto, na visão de Ryle, isso é imprudente: todos sabemos perfeitamente bem do que estamos falando quando fazemos comentários do tipo 'Ela tem uma mente muito aguçada', ou 'Ele é bom em 'calcular mentalmente', ou 'Eu penso em ir à Toscana neste verão' ou 'Conforme envelheço, minha mente está ficando cada vez mais fraca'.

Portanto, os filósofos deveriam refletir sobre esses usos cotidianos dos, chamados por Ryle, 'conceitos mentais de conduta', se desejam realmente compreender o que significa dizer que os seres humanos possuem mentes.

Para esclarecer o que Ryle está dizendo, devemos examinar algumas de suas discussões mais detalhadas sobre os conceitos mentais de conduta. Tomemos, por exemplo, a 'inteligência'. A inteligência está aplicando o pensamento à ação. Se somos dualistas, isto deve significar que a inteligência envolve uma combinação de dois processos, um que acontece na substância mental (pensamento) e um na substância material ou corpórea (ação). Um exemplo típico ryleano é o de alguém jogando tênis de modo inteligente. Dentro da visão dualista, isso significaria, aproximadamente, pensar primeiro sobre a teoria do tênis e então movimentar os braços e as pernas de maneira apropriada. No entanto, existem inúmeras coisas que estão, obviamente, erradas com essa explicação. Uma delas é que isso levaria à absurdidade lógica conhecida como um 'regresso ao infinito'. O ato de pensar sobre a teoria do tênis é, em si, uma ação, e se for para fazer com que alguém jogue tênis inteligentemente, deve, presumivelmente, ser uma ação inteligente. No entanto, para a teoria dualista, isto significaria que ela seria precedida por uma ação do pensar sobre a teoria de pensar sobre a teoria do tênis. O mesmo método pode ser aplicado novamente: deveríamos pensar sobre a teoria do pensar sobre a teoria do pensar sobre a teoria do tênis antes de ser dito a nosso respeito que jogamos tênis inteligentemente. Com efeito, esse método pode se aplicado infinitas vezes: portanto, jogar tênis inteligentemente envolveria completar um número infinito de ações de pensar primeiro sobre a teoria. Isso é uma absurdidade lógica: então, a explicação dualista da inteligência pode ser reduzida à absurdidade e deve estar equivocada. Efetivamente, isso significaria que nunca poderíamos agir inteligentemente, pois, para fazer isso, seria necessário executar essa tarefa logicamente impossível de completar um infinito número de ações prévias.

Se seguirmos o conselho de Ryle e examinarmos a maneira como realmente utilizamos termos como 'inteligente', em contextos cotidianos, podemos evitar essa absurdidade lógica. Dizemos que alguém está jogando tênis inteligentemente, não quando pensamos que está executando certas ações 'mentais' antes de movimentar seus braços e suas pernas, mas quando o vemos movimentar seus braços e suas pernas de certa maneira – habilmente, para que possa bater na bola no ângulo certo e com o grau adequado de força, para que, então, possa ser capaz de ganhar os pontos sobre seu adversário. Em outras palavras, o que queremos dizer com uma ação que demonstra inteligência não é uma combinação de duas ações, mas de uma ação executada de uma certa forma. É claro que, para que possamos ter certeza de que essa foi genuinamente uma jogada *inteligente* e não mera coincidência, deveríamos ver o modo como essa pessoa joga ao longo do tempo: ela deveria agir inteligentemente de forma consistente. Ryle faz essa observação ao falar da inteligência como uma 'disposição' para agir de certa maneira. Mas, não obstante, seu maior conflito permanece no fato de que a inteligência evidenciada em uma ação não é algo separado dos movimentos físicos que estão acontecendo, como se estivessem acontecendo por trás dos bastidores, mas algo a ser observado no estilo ou na maneira dos próprios movimentos físicos.

Outro exemplo para ilustrar o ponto de Ryle poderia ser o da *escolha de fazer alguma coisa*. Suponha, por exemplo, que um professor pede, numa sala de aula, que as crianças levantem sua mão se souberem a resposta para uma pergunta. Uma das crianças acredita saber a resposta, então opta por levantar sua mão. Para falar sem rodeios, o escolher seria aqui uma ação mental e o erguer sua mão seria um ato físico. Portanto, dentro de uma explicação dualista, existiriam duas ações separadas, porém conectadas, uma na mente e a outra no corpo: o acontecimento da ação mental antes do movimento corpóreo é o que faz o último voluntário, ou escolhido livremente. No entanto, as objeções de Ryle quanto à explicação dualista da escolha são bastante similares às suas críticas da teoria da ação inteligente. Em primeiro lugar, isto levaria a um regresso infinito: o ato mental de escolher, se fizer com que o movimento corpóreo seja voluntário, deve, ele próprio ser, presumivelmente, voluntário. Mas isso significa que deve existir uma ação prévia de escolher a escolha, o que a torna voluntária. A mesma análise pode, então, ser aplicada a essa ação prévia – deve escolher a escolha para escolher levantar seu braço se o ato de levantar for voluntário. Isso pode continuar *ad infinitum*: ou seja, a explicação dualista da escolha de fazer algo, implica na impossibilidade lógica de que um número infinito de atos da escolha de escolher de escolher...deve ser completada antes que alguém possa executar uma ação livremente. Em suma, a explicação dualista deve ser falsa.

A outra objeção de Ryle é, novamente, a de que a explicação dualista não reflete a maneira em que normalmente decidimos se alguém escolheu fazer algo livremente. Não procuramos, é impensável, ver dentro de sua mente para observar se, de fato, existe um ato de escolha acontecendo aí, mas sim, dar atenção ao contexto da ação observada, em si. Será que a criança sabia o que significava quando o professor pediu aos alunos da classe que levantassem suas mãos caso soubessem responder a pergunta? Poderíamos entender isso ao prestar atenção no que ela dissera quando o professor a viu levantando sua mão e pediu pela resposta. A resposta dada pela aluna poderia não ser, é claro, a correta, mas se soasse relevante, isso tenderia a mostrar que ela, ao menos, *pensara* que tinha a resposta correta. Em segundo lugar, se não havia nenhum sinal de que outro aluno (talvez a criança malvada na fileira de trás) estava segurando seu braço e forçando-a a levantá-lo; ou se ela sofria de algum tipo de doença ou reflexo condicionado que faz com que ela levante sua mão de vez em quando, então poderíamos, seguramente, concluir que ela optou por levantar a mão. Novamente, o envolvimento da mente em ação não é uma questão de um 'episódio oculto' extra (usando a frase de Ryle) acontecendo em algum lugar atrás dos bastidores, mas de algo observável referente ao comportamento factual de uma pessoa.

Podemos resumir a visão de Ryle, assim como ele mesmo o faz, ao dizer que, se esses argumentos são válidos, os seres humanos não são fantasmas habitando máquinas e que, certamente, não são tão somente máquinas sem fantasmas: eles são simplesmente seres humanos (ver Ryle, 1990, p. 310).[3] 'Os seres humanos são seres humanos' é, claramente, um mero truísmo se for dito dessa forma: mas ainda se poderia fazer uma observação importante. A abordagem de Ryle é, conforme dito, a de evitar teorias filosóficas abstratas sobre o que é 'a mente' e simplesmente ver as características dos seres humanos que nos levam a dizer que eles possuem mentes (ou melhor, de que têm pensamentos, sentimentos e sensações, anseios, desejos e esperança, de que fazem escolhas, às vezes, e assim por diante). Ryle acredita que, se fizermos isso, veremos ao menos duas coisas que tendiam a escapar dos filósofos ou dos cientistas que procuram uma teoria geral da mente. Primeiramente, de que as coisas que nos levam a dizer que os seres humanos possuem uma vida mental são incrivelmente variadas em espécie. Não existe

---

[3] N. de T. Indicação de tradução espanhola de Ryle cf. N. de T. na p. 65.

apenas uma classe de atividades humanas, categoricamente definível, que possamos isolar de todas as outras e denominá-la de 'mental': existem vários tipos de atividades humanas, estados e atributos conectados livremente uns aos outros, que nos levam a falar sobre as mentes das pessoas. Em segundo lugar, e relacionado a isso, não existe uma única forma de estudar as mentes. Historiadores, filólogos, críticos literários, dramaturgos, romancistas e muitos outros, todos estudam a mente humana e podem acrescentar algo ao nosso conhecimento a esse respeito. Certamente que devemos compreender as mentes de cada um apenas devido aos propósitos da convivência mútua, e a maioria de nós recebe, pelo menos, algum tipo de compreensão – do contrário, nossas vidas seriam uma desordem. Não existe, diria ele, apenas dois tipos de coisas, material e mental, ou duas formas de descrever e compreender as coisas: são necessários diferentes tipos de descrições e compreensões para propósitos diferentes e para os diferentes rótulos que atribuímos a diferentes formas de descrever e compreender – a física, a química, a biologia, a psicologia, a história e assim por diante, são, em grande parte, questões de conveniência acadêmica.

A visão de Ryle a respeito da mente tem sido freqüentemente descrita como 'behaviorista'. Esse é um termo já discutido brevemente (no capítulo anterior), mas se formos avaliar a visão de Ryle adequadamente (incluindo suas próprias respostas a essa descrição), deveríamos dizer algo mais, aqui, a seu respeito. O 'behaviorismo' foi, inicialmente, um movimento dentro da psicologia: estava insatisfeito com os tipos mais tradicionais de psicologia que se baseavam nos relatos introspectivos das pessoas sobre o que acontecia em suas próprias mentes para proporcionar a evidência para teorias psicológicas. Para os behavioristas, isso pareceu subjetivo demais para que pudesse ser a base para uma genuína *ciência* da psicologia. As pessoas poderiam relatar erroneamente o que acreditavam estar vivenciando, seja mediante um engano sincero, de um auto-engano, ou por um desejo proposital de enganar os investigadores e parecia não existir uma forma objetiva de decidir quando esse fosse o caso. Portanto, era melhor concentrar-se naquilo que podia ser claramente observado por qualquer um, ou seja, o real comportamento aparente das pessoas sendo estudadas: eis o que proporcionaria a prova para uma adequada ciência objetiva dos seres humanos.

Embora isso tenha sido apresentado como um conceito do método psicológico, era claro, no entanto, que possuía implicações filosóficas. Isso parecia remover inteiramente o 'interior' ou o aspecto subjetivo da mente que era essencial à concepção dualista, do respeitado reino da ciência em que apenas as expressões de comportamento aparente de nossos pensamentos e emoções eram aceitas. Tudo o que uma pessoa racional e cientificamente orientada poderia dizer significativamente sobre a mente humana estava relacionada ao 'comportamento' aparente: talvez, então, fosse sobre isso o que se dizia sobre a 'mente' e o 'mental'. Talvez a 'mente' signifique apenas 'comportamento'. Uma vez alcançado este ponto, chegamos à visão filosófica, comumente chamada de 'behaviorismo lógico', que é a doutrina que diz que todas as declarações que alegam ser sobre pensamentos, sentimentos, sensações, etc., são, na verdade, declarações sobre o comportamento aparente; ou, dito de maneira um pouco diferente, declarações que podem ser traduzidas sem perda de significado em declarações sobre o comportamento aparente. Por exemplo, a declaração 'Ele acredita que o behaviorismo está correto' é equivalente, em significado, à opinião, 'Ele tende a *dizer* que o behaviorismo está correto'. Conforme poderia sugerir a referência à respeitabilidade científica, o behaviorismo lógico, nesse sentido, é uma forma de materialismo clássico.

Será que a visão de Ryle é uma versão do behaviorismo lógico nesse sentido? Ele aceita, informalmente, o fato de que isso pode ser descrito inocentemente como 'behaviorismo' em um sentido vago, geral: porque, afinal de contas, está dizendo que quando falamos sobre as mentes das pessoas estamos, essencialmente, falando sobre o estilo de seus comportamentos. No entanto, questionaria se essas visões são exatamente as mesmas como as dos behavioristas filosóficos. A visão deles, como já dito, é normalmente utilizada para demonstrar uma forma de materialismo clássico: ou seja, que os seres humanos não são combinações de duas substâncias, uma 'mente' e um 'corpo', mas apenas de uma substância, a saber, o corpo. O corpo é concebido dentro do estilo cartesiano como um pedaço de maquinaria. Nos termos de Ryle, os seres humanos são vistos pelos behavioristas, não como fantasmas habitando máquinas, mas como máquinas sem fantasmas. O 'comportamento' de uma máquina apenas significa os movimentos de suas partes por meio do espaço: por exemplo, o comportamento de meu relógio consiste em coisas como os movimentos dos ponteiros do relógio ao redor do indicador que vai de '12' a '1' e, então, para o '2' e assim por diante. Se considerarmos o comportamento humano como tal, então meu comportamento ao dizer, por exemplo, que 'Ryle não é um behaviorista lógico', trata apenas dos movimentos de minhas cordas vocais ao articular esses sons. No entanto, essa não é a explicação de 'comportamento' para Ryle: para ele, o comportamento é descrito, por exemplo, pelos romancistas. Como argumenta, os romancistas e os dramaturgos também descrevem os caracteres das pessoas e seus motivos ao descrever seu comportamento aparente (ele poderia dizer, também, que os romancistas, ao menos tradicionalmente, descrevem os pensamentos internos, não ditos – um assunto ao qual retornaremos brevemente).

Qual a diferença entre essas duas concepções do 'comportamento'? Talvez um exemplo bem simples possa elucidar isso. Suponha que um romancista descreve um homem propondo casamento a uma mulher de uma maneira um tanto tradicional. Ele se ajoelha e pergunta a ela 'Você quer se casar comigo?`. O que é que o romancista está descrevendo? Obviamente, o comportamento aparentemente observável do homem. No entanto, não apenas o movimento de ajoelhar-se ou os movimentos de suas cordas vocais e dos sons que articula como resultado: se uma máquina ou um papagaio produzissem os mesmos sons da mesma maneira, não estariam propondo casamento. O comportamento do homem, no seu sentido relevante, consiste não apenas em produzir esses sons, mas no seu *falar algo de modo significante*, algo que significa alguma coisa para ele e, esperamos, para a mulher a quem está dirigindo suas palavras. Mesmo os sorrisos, olhares carrancudos, gestos, estilos de movimentos físicos e assim por diante, são, nesse sentido, significativos. Um sorriso, por exemplo, não é apenas uma certa configuração de características faciais, mas sim algo que exprime um senso de prazer, diversão ou afeição e, dessa forma, possui um significado para a pessoa que está sorrindo e para os outros que observam seu sorriso.

O que faz com que as palavras, os sorrisos, os movimentos, etc., dos homens sejam significativos e, portanto, os distingam de meros movimentos da matéria através do espaço? Se formos rejeitar o dualismo como Ryle o faz, não pode ser porque os movimentos aparentes das cordas vocais ou as características faciais estão, de certa forma, acompanhadas por algo interno que está acontecendo na mente. Certamente, se fosse o caso, seria impossível compreender o que dissera o homem, ou até mesmo se ele quis dizer alguma coisa: e, sem dúvida, é perfeitamente possível que outras pessoas entendam essas coisas – nós, que lemos o romance, podemos facilmente compreender que o personagem está propondo casamento. Então, o que nos permite fazer isso? Parece óbvio que parte da resposta vem do fato de que as palavras utilizadas pelo homem pertencem a uma linguagem que todos dividimos. Se um adulto que falasse português lesse ou escutasse as palavras 'Você quer se casar comigo?' ditas por um homem a uma mulher nesse tipo de contexto, ele ou ela irá imediatamente compreender que o homem está propondo casamento à mulher. Sabemos o que significa 'casamento' e 'casar', pois essas são palavras existentes em nossa língua. Sabemos como utilizá-las ao nos comunicarmos com outras pessoas. Parte desse significado, neste caso, depende do fato de que o casamento é uma instituição estabelecida em nossa cultura. E, em nossa cultura, o casamento é um relacionamento cuja união é voluntária, com o livre consentimento de ambos os parceiros. Sabemos que o consentimento deve ser obtido antes do casamento, e isso é o que chamamos de 'propor' o casamento. As palavras proferidas são significativas porque tais práticas compartilhadas dão-lhe significado. É claro, para que suas palavras sejam significativas, não é suficiente que as palavras possuam um significado comum em português: o homem que as utiliza deve *saber* o que elas significam e deve possuir a *intenção* de usá-las nessa forma (e não, por exemplo, utilizá-las em forma de piada). Dar significado a algo mediante as palavras de alguém implica intencionalidade e, neste caso, a identificação do objeto intencional é possível apenas pela linguagem O saber e a intenção são 'subjetivas' no sentido de que é *este* conhecimento individual (a do sujeito) e a intenção que são importantes e não as de outra pessoa. No entanto, dizer que ele compreende as palavras e que possui a intenção de usá-las de certa forma, não significa dizer qualquer coisa sobre o que está acontecendo em uma dimensão separada, interna ou mental: se fosse o caso, não poderíamos entender o que ele sabe e o que pretende, portanto, não poderíamos compreender suas ações. Ao invés disso, é revelado no contexto em que as pronuncia e pela maneira como as faz, e pelo seu uso habitual correto dessas palavras em outras ocasiões. A subjetividade não necessita de uma dimensão interna para existir.

Ryle pode parecer um behaviorista porque, na sua dedicação em atacar o dualismo, tende a ignorar (assim como nos comentários sobre os romancistas e os dramaturgos mencionados anteriormente) o fato de que nossos pensamentos são seguidamente expressos 'internamente' ou tacitamente e também pela sua ênfase quanto às disposições para comportar-se, em vez das ações individuais. No entanto, isso não faz dele um 'behaviorista lógico'. Ele não objetiva, de fato, propor qualquer tipo de 'ismo' sobre a mente: certamente, seu grande ponto de vista é o de que tais 'ismos' são, em grande parte, aquilo que nos confunde. Ele argumenta que, em vez de propor teorias gerais da mente, deveríamos simplesmente observar os tipos de coisas que dizemos a respeito dos seres humanos: se fizermos isso, veremos que elas não se classificam ordenadamente em duas categorias – coisas 'mentais' e coisas 'físicas'. Até mesmo aquilo que denominamos de coisas 'mentais' podem não ser todas do mesmo tipo: o 'mental', como aparece no 'calcular mentalmente', por exemplo, pode significar algo diferente daquilo que significa no 'transtorno mental', e a mente, na frase 'o triunfo da mente sobre a matéria', pode significar algo diferente do que significa na descrição de alguém como sendo 'uma das grandes mentes de sua geração'. O mais importante dentro da visão de Ryle é, conforme dito anteriormente, a de concentrar-se, não em 'mentes' e 'corpos', mas em *seres humanos* como sendo criaturas que pensam, sentem, lêem, conversam umas com as outras, caminham, jogam futebol, respiram, digerem seu alimento, e assim por diante. Algumas dessas atividades humanas são mais naturalmente vistas como expressões da mente do que outras, mas existem muitas em que se torna difícil classificá-las diretamente como 'mental' ou 'corpóreo'.

De muitas maneiras, isso reformula todo o problema da 'mente'. Ambos, o dualismo e o materialismo, o vêem como uma pergunta *metafísica*: o que é e quantos tipos de coisas existem na realidade? Será que existe apenas um tipo de coisa, 'matéria', ou será que também existe algo não-material, alguma coisa feita de um tipo diferente de todo o resto, denominado de 'mente' ou 'alma'? No entanto, Ryle faz uma pergunta diferente que pode ser respondida sem qualquer referência à resposta que é dada pela pergunta metafísica. Ele pergunta que tipos de características dos seres humanos nos levam a dizer que 'possuem mentes' e o que existe sobre essas características que estamos escolhendo quando dizemos isso? Por que consideramos importante dizer que os seres humanos não são apenas organismos pertencentes a uma espécie biológica em particular, mas que também são 'pessoas'?

IV

Outro filósofo do século XX pertencente a uma tradição diferente da de Ryle e que abordou a questão da mente de forma similar é o fenomenologista francês Maurice Merleau-Ponty (retornaremos brevemente ao que significa denominar um filósofo de 'fenomenologista'). Merleau-Ponty não é tão conhecido como deveria ser entre os filósofos ingleses, mas sua contribuição para várias áreas dentro da filosofia, incluindo esta, foi enorme. Ambos, Ryle e Merleau-Ponty, são similares em sua suspeita quanto àqueles que chegam rapidamente à conclusão dos 'ismos', ou aos preconceitos teóricos, em vez de se concentrar, primeiramente, em algo mais banal e cotidiano. A diferença é que, no caso de Ryle, o algo cotidiano no qual deveríamos nos direcionar é a forma pela qual utilizamos a linguagem em contextos comuns (não-filosófico, não-científico): ao passo que, para Merleau-Ponty, o que precisamos fazer é esquecer as grandes teorias gerais às quais chegamos na filosofia e na ciência, em favor da experiência pré-teórica comum que todos possuímos sobre o mundo e sobre nós mesmos. Dizendo-o brevemente, é esse retorno das grandes postulações teóricas para um favorecimento de como as coisas nos aparecem e sobre as quais não fazemos tais suposições, que Merleau-Ponty chama de fenomenologia (outros filósofos ofereceram diferentes significações para esse termo, mas para os propósitos atuais, vamos nos concentrar neste procedimento de Merleau-Ponty). A justificativa desse retorno da grande teoria para algo mais elementar baseia-se no fato de que é a experiência básica que, em última análise, oferece sentido a qualquer coisa teórica sobre a qual falamos e, portanto, deve vir em primeiro lugar na nossa compreensão do mundo e do nosso lugar nele.

Merleau-Ponty critica o behaviorismo lógico de um modo bastante similar ao de Ryle. Em um de seus primeiros livros, *The structure of behavior* (Merleau-Ponty, 1965),[4] considera exemplos específicos de comportamento humano e mesmo aqueles de animais não-humanos, procurando demonstrar que o comportamento não pode ser adequadamente descrito e explicado simplesmente como uma resposta mecânica a um estímulo externo, mas apenas pela utilização de termos tais como 'propósito', 'objetivo' e 'intenção'. Uma forma simples de dizer isso, fazendo o paralelo com nossa discussão anterior sobre Ryle e de maneira mais clara, é que, mesmo o comportamento animal deve ser compreendido como algo *significativo*.

Poderíamos ilustrar isso com um exemplo que não é oriundo de Merleau-Ponty, mas que está presente em seu espírito. Um gato empurrando uma portinhola não está simplesmente respondendo ao estímulo mecânico: se fosse o caso, responderia da mesma forma a qualquer coisa que se parecesse com ela e o ato de empurrar a portinhola não estaria relacionado, como está, com outros aspectos da vida deste gato. O gato distingue uma portinhola de outras coisas que parecem similares como uma forma de sair da casa: nesse sentido, ele atribui certo *significado* à portinhola. Isso é possível porque o gato, como um organismo vivo, é ativo e, portanto, possui certos propósitos próprios. Para que possamos compreender o que o gato está fazendo, devemos questionar para qual finalidade ela serve ao animal: 'Por que está empurrando aquele quadrado de plástico na porta com sua pata?' 'Porque quer sair para o jardim'. Objetos puramente mecânicos, como o autômato de Descartes, não possuem finalidades próprias e, logo, respondem de uma maneira fixa e inflexível aos estímulos com certas propriedades físicas. Portanto, para explicar seus movimentos não precisamos compreender sua finalidade (não possuem qualquer finalidade), mas apenas entender o mecanismo de sua resposta e as leis físicas que a governam. No entanto, compreender os mecanismos neurológicos fundamentais subjacentes ao comportamento do gato, não explicaria o motivo pelo qual ele está empurrando a portinhola, ao invés de fazer outra coisa.

Nós, seres humanos, também somos organismos vivos e, portanto, seres ativos com finalidades próprias. A diferença entre nós e o gato está no fato de que as finalidades do gato são partilhadas com outros gatos: as vidas da grande maioria dos gatos domésticos são bastante semelhantes. Dessa

---

[4] N. de T. Maurice Merleau-Ponty: *A estrutura do comportamento* [Tradução: Jose de Anchieta Correa]; Belo Horizonte: Interlivros, 1975, 259 p.

forma, os significados que um gato atribui aos objetos são geralmente os mesmos daqueles membros da mesma espécie: eles constituem o que Merleau-Ponty denomina de 'o *a priori* das espécies' (ver Merleau-Ponty, 1965, p. 122).[5] No entanto, os seres humanos possuem o uso da linguagem e de outras formas de pensamentos simbólicos: simplificando, as pessoas podem *expressar* o significado de suas ações em palavras ou outros símbolos. Isso apresenta importantes conseqüências. Primeiramente, isso possibilita significados mais complexos: podemos, por exemplo, ter o objetivo complexo de comprar algo em uma loja mediante o uso de dinheiro, o que implica a utilização de conceitos como 'comprar', 'loja', 'dinheiro', e cuja compreensão envolve conhecer alguma coisa a respeito da prática comercial. Os gatos não participam de atividades comerciais, logo não podem compreender o significado destes termos. Por esta razão, não é possível dizer que um gato entrou em uma loja e comprou uma lata de comida: mas isso não nos impossibilita de dizer que o gato tinha a *intenção* de abrir a portinhola para sair de casa – as portinholas possuem um significado relacionado à vida do gato. Em segundo lugar, isso nos permite distinguir diferentes significados atribuídos aos mesmos movimentos: por exemplo, podemos diferenciar entre o ato de assinar um cheque (como parte do ato de comprar alguma coisa), assinar nosso nome para completar uma carta a um amigo e de assinar para dar um autógrafo a um admirador. Os significados que podemos atribuir aos movimentos de um gato são bem mais limitados. Em terceiro lugar, isso significa que não estamos restritos a finalidades e significados que fazem parte de 'o *a priori* das espécies', mas podemos apresentar finalidades individuais e significados – *minha* finalidade em vez da *sua*. Isso é o que possibilita o 'ponto de vista da primeira pessoa', motivo pelo qual poderíamos pensar sobre a mente e a consciência como pertencendo particularmente aos seres humanos. (No próximo capítulo, outras discussões serão realizadas quanto às semelhanças e às diferenças entre os seres humanos e outros animais.)

Será que a visão do comportamento humano (ou animal) como algo significativo constitui uma volta ao dualismo cartesiano? Será que o 'significado' de nosso comportamento relacionado ao que acontece atrás dos bastidores em um mundo interior privado é uma substância mental? Algo já fora dito sobre isso em relação à posição de Ryle, no entanto, Merleau-Ponty oferece um ângulo inédito sobre o problema. Ele insiste que o comportamento significativo deve ser uma característica de organismos vivos, de entidades biológicas. Mas por que deveria ser assim? O que existe de tão especial nas

---

[5]N. de T. Cf. as indicações da tradução desta obra de M. Merleau-Ponty para a língua portuguesa na N. de T. ao final da p. 74.

coisas vivas? A resposta, coletada de várias passagens dos escritos de Merleau-Ponty se apresentaria, mais ou menos, da seguinte forma. Estar vivo significa funcionar como um todo: um corpo permanece vivo enquanto suas várias partes permanecerem juntas e deixa de viver (morre) quando começa a se desintegrar. Por exemplo, para que um animal permaneça vivo, o coração, os pulmões, os rins e assim por diante, devem, cada um deles, executar sua função especial. Cada animal possui uma vida própria, dependente da execução de seus próprios órgãos e sistemas. Isso significa que podemos discutir sobre *seus próprios* interesses e finalidades: um animal necessita encontrar comida, por exemplo, se quiser viver, pois sem alimento os órgãos mencionados simplesmente não poderão executar suas funções de sustentar a sua vida. Portanto, as finalidades de um animal (e, logo, os significados de seu comportamento) estão essencialmente conectadas à sua vida como um *todo*: possui suas necessidades porque necessita manter-se vivo *por inteiro*: sua vida é, por assim dizer, a de um *organismo* e não a de uma mera coleção aleatória de pedaços e peças. Para compreender o seu comportamento, precisamos verificar quais as finalidades às que ele serve como *este* animal, e para a vida desse animal *como um todo*. Por que o chimpanzé está tocando na banana com uma vara de madeira? Porque quer fazer com que ela caia, para então, comê-la. Um simples autômato, do tipo sobre o qual nos falou Descartes, não possui finalidades próprias nesse sentido e, logo, seu comportamento não é significativo. Seus criadores humanos simplesmente o construíram de forma a estimular um comportamento significativo: o surgimento da finalidade naquilo que faz não se origina de suas próprias necessidades internas, mas na habilidade daqueles que o construíram. Isso não parece ser uma simples conseqüência dos materiais com os quais eles foram feitos: aí não parece existir qualquer coisa de logicamente impossível sobre a idéia de um organismo biológico feito de, por exemplo, pedaços de metal – apesar de poder existir alguma impossibilidade física nisso. O que importa é que eles não possuem uma vida biológica e, portanto, finalidades próprias. (Outras discussões serão feitas sobre a diferença entre organismos vivos e máquinas no Capítulo 4.)

Seria possível pensar que as características especiais do significado humano sejam derivadas do nosso uso da linguagem, transformada em algo não inteiramente biológico e, portanto, abrindo espaço para o dualismo. É preciso que eu compreenda algo sobre a atividade comercial para ser capaz de tratar esses pedaços de papéis em minha mão como 'notas bancárias', que podem ser utilizadas para a troca de mercadorias em uma loja. Certamente, esse tipo de entendimento não pode ser tratado como biológico, mesmo se o desejo do chimpanzé de comer uma banana possa sê-lo. De certa forma, isso está correto: ele nos pertence como membros de uma sociedade e não simplesmente como organismos biológicos. Mas daí não se segue que isso diga respeito a quaisquer processos internos privados do tipo cartesiano. O fato de que ele envolve sistemas simbólicos como a linguagem, implica precisamente o contrário: e isso porque o significado de expressões na linguagem é necessariamente partilhado com os outros. Não posso, arbitrariamente, dar a este pedaço de papel o significado de 'nota bancária': ela pode tão somente ter esse significado para mim se também o tiver para outras pessoas (fato esse que eu descobriria rapidamente se houvesse procurado utilizar uma nota bancária feita em casa para comprar algo em uma loja!). (O argumento de Wittgenstein contra a idéia de uma 'linguagem privada' é relevante, também aqui.) Portanto, descobrir o seu significado é não olhar dentro de minha própria mente, mas aprender algo sobre a prática social compartilhada, em que certos pedaços de papel adquirem o significado de serem meios válidos de troca. No entanto, é claro, a capacidade de partilhar os significados, por exemplo, na linguagem falada, também depende de algo biológico, isto é, de possuir o equipamento físico para a comunicação com os outros (tais como as cordas vocais que produzem sons audíveis).

Isso reforça o ponto colocado anteriormente na discussão sobre Ryle. O comportamento significativo não é aquele de *dois* processos – um mental, do pensamento dos significados, e outro, de um corpo separado para que, de certa maneira, movimente seus membros. É apenas *um* processo, o de movimentar seus membros de certa forma que possa ser reconhecido por outros, assim como por si próprio, como aquele que tem um significado específico. Se dizer que as pessoas têm mentes significa dizer que se comportam de formas significativas, isso implica que a 'mente' não é o nome de alguma coisa extra, presa a seus corpos de alguma forma, mas simplesmente uma maneira de nos referirmos às diversas abordagens dos comportamentos humanos que possuem um significado. Os seres humanos não são, dentro dessa visão, uma mente somada a um corpo, mas, como diz Merleau-Ponty, como subjetividades em-um-corpo ou incorporadas.[6] Eles estão no mundo, mas diferentemente daqueles objetos que não possuem subjetividade. Meu computador é um exemplo do último tipo de objeto. Está localizado em um lugar específico (sobre minha escrivaninha) e é afetado, causalmente, por outros objetos – por exemplo, é afetado por ondas repentinas de energia elétrica. Como um sujeito *em-um-corpo*, eu também possuo um lugar no mundo (no momento, sentado em minha escrivaninha e de frente para a tela do computador) e também sou causalmente afetado por outros objetos (por exemplo, eu seria machucado se um objeto pesado caísse sobre mim). Mas como um

---

[6]N. de T. No original, *embodied subject*.

sujeito em-um-corpo, eu também possuo um tipo diferente de relacionamento para com os objetos. Eu os vejo como tendo significado em relação às minhas próprias finalidades: por exemplo, esta coisa na minha frente é o *meu computador* que estou usando para escrever estas palavras. A minha forma individual de estar no mundo depende muito mais desses significados que encontro nos objetos no mundo do que quaisquer relacionamentos causais nos quais eu os coloco. Este conjunto de significados é o que faz isto ser o *meu* mundo, distinto do *seu*.

Imaginar-nos como sujeitos em-um-corpo dessa maneira, leva-nos a um conceito de intencionalidade diferente, mais amplo. Conforme vimos, Brentano utilizou a idéia da intencionalidade para definir a consciência: para estarmos conscientes, como diz a divisa, é necessário estarmos conscientes *de* algum objeto. Mas se podemos ver o comportamento de animais como significativamente direcionados a alguma meta e, portanto, possuindo intencionalidade, então isso reforça o argumento anterior de que o que é intencional não necessita ser consciente. O comportamento do gato ao empurrar a portinhola necessita que o gato a considere *como* uma portinhola, ao menos como um meio para sair da casa: em outras palavras, a portinhola é o objeto intencional do desejo do gato. No entanto, dizer isso não significa que estamos atribuindo ao gato uma habilidade de *dizer* que isso é uma portinhola e essa é a razão pela qual a está empurrando dessa forma: em outras palavras, não é necessário atribuir ao gato a *consciência da portinhola* tal como ela é.

Uma razão pela qual alguém possa pensar ser necessário restringir a intencionalidade para casos de comportamento, pensamentos ou sentimentos conscientemente direcionados, é que ser o objeto intencional do estado mental de alguém parece requerer que o sujeito seja capaz de identificá-lo como tal. Por exemplo, dizer que estou pensando a respeito de Gilbert Ryle deve, certamente, implicar que eu saiba quem é Gilbert Ryle e, se feita a pergunta: 'O que você está pensando?' eu poderia responder para a outra pessoa que estou pensando sobre Gilbert Ryle. O que mais poderia significar dizer que estou pensando sobre Gilbert Ryle, o filósofo, em vez de dizer que estou pensando sobre um de meus filhos, ou sobre as próximas férias de verão? Mas disso não se segue que eu *mesmo* deveria ser capaz de identificar qual o objeto intencional de meus pensamentos, etc., *explicitamente em palavras e no momento que as estou pensando*. Isso implica, simplesmente, que deve existir *alguma* forma para identificar o objeto específico de meus pensamentos, se é que eles podem ser chamados de 'pensamentos'. Uma maneira pela qual esse objeto específico poderia ser identificado seria a de que ele ocuparia um papel essencial na *explicação* do meu comportamento. Por exemplo, você poderia identificar meu pensamento como sendo sobre Gilbert Ryle, em vez de ser sobre as próximas férias de verão porque eu havia falado sobre o filósofo que foi meu professor em Oxford. Neste caso, visto que fora um pensamento consciente, seu objeto intencional poderia ser identificado por mim em palavras que eu compreendesse. No entanto, no caso dos estados mentais inconscientes, o método de identificação pelo poder da explicação, não coincidiria com o que eu poderia identificar no meu conhecimento presente (caso contrário, não seriam 'inconscientes'). Se, num exemplo de tipo freudiano, a raiva aparente do meu chefe escondesse uma raiva inconsciente de meu pai, pela sua capacidade de explicar alguns aspectos de meu comportamento, um psicanalista poderia identificar o objeto intencional *real* que eu mesmo não poderia identificar naquele momento. E, no caso do gato e da portinhola, o objeto intencional do empurrar, do gato, poderia ser identificado como uma portinhola, de uma maneira óbvia, pelo fato de que somente isso seria o suficiente para explicar, apropriadamente, o motivo pelo qual, naquele momento, o gato estava se comportando dessa forma.

Existem alguns tipos de objetos intencionais, especialmente entre as atividades humanas mais sofisticadas, em que é necessário que o pensador identifique corretamente alguma coisa antes que esse alguém possa dizer o que ele ou ela está pensando. Alguém poderia apenas estar resolvendo equações quadráticas, por exemplo, se alguém souber o que é uma equação quadrática e poderia explicar o que está fazendo, utilizando esse conceito. De modo similar, pode-se somente dizer que se está lendo um livro se alguém sabe o que é ler e poderia dizer aos outros, se lhe fosse perguntado, que aquilo é o que ele está fazendo; ou tocando uma melodia no piano se alguém souber o que é uma melodia e um piano; ou escrevendo um livro sobre filosofia se essa pessoa estiver consciente daquilo que faz. No entanto, dizer que algumas relações intencionais com objetos são conscientes não significa que todas as sejam, ou que a consciência é sempre e, necessariamente, uma característica de um comportamento intencional.

Toda essa discussão sobre a subjetividade, a intencionalidade e a consciência será importante quando abordarmos, nos capítulos restantes, outros tipos de problemas filosóficos que surgem quando pensamos sobre as mentes. No entanto, o que mais se salienta da discussão deste capítulo, se aceitarmos os argumentos levantados, é que nosso foco não deveria estar nas 'mentes', mas nos seres que têm mentes e como o papel de possuí-la influencia em suas vidas.

4

Animais e máquinas

I

Iniciamos este livro com a sugestão de que possuir uma mente é o que torna os seres humanos diferentes e, até o momento, falamos como se possuir uma mente fosse *peculiar* aos seres humanos. No entanto, essa suposição será justificada? Conforme visto no capítulo anterior, alguns atributos do mental, bem como a intencionalidade, podem ser plausivelmente atribuídas, ao menos para alguns animais não-humanos (a partir de agora, vamos nos referir apenas a 'animais', para sintetizar). Será que isso significa que esses animais possuem mentes? Muitas pessoas gostam de falar sobre animais, principalmente animais domésticos como se eles possuíssem personalidades próprias. Será isso um mero sentimentalismo ou será que existiria uma justificava racional para tal? A resposta que oferecemos a essa pergunta possui alguma relevância com questões éticas muito debatidas sobre o direito dos animais: temos o direito de matar os animais para comê-los, ou para utilizá-los em experiências médicas e científicas, ou de mantê-los em zoológicos para nosso próprio prazer? Isso certamente afeta nossa concepção sobre nós mesmos como seres humanos: somos incomparáveis ao possuirmos uma mente? Será que faz sentido visualizar a mente como algo que evoluiu pela seleção natural e compreender a psicologia humana em termos dessa evolução, assim como os 'psicólogos evolucionistas' procuram fazer?

Além dos animais, existe uma outra ameaça potencial que é a exclusividade da mente humana – um assunto intensamente debatido. A idéia da 'inteligência artificial' é muito discutida e existem programas de pesquisa que visam desenvolver sistemas de computadores capazes de executar vários dos tipos de funções mentais que, tradicionalmente, acreditamos serem caracteristicamente humanas. Poderia uma máquina, assim como um computador ou um robô, realmente ter uma mente? Ou será isso apenas uma confusão? Embora ninguém esteja seriamente sugerindo que a geração atual de computadores possua mentes, mas que, em princípio, seja vista tão somente como uma espécie de possibilidade para que uma futura geração possa expressar-se dessa forma, isso significaria que essas máquinas pensantes poderiam possuir poderes mentais maiores que os dos humanos a ponto de substituir-se à espécie humana? Mesmo se elas não fizessem isso, será que a mera possibilidade de tais máquinas não colocaria nossas mentes humanas sob uma abordagem nova e menos promissora? As questões sobre se os animais ou as máquinas podem possuir mentes são, portanto, importantes tendo em vista a sua influência sobre a concepção de nós mesmos; e elas também podem auxiliar na elucidação de conceitos adicionais sobre o que significa possuir uma mente. Essas são as questões a serem consideradas neste capítulo.

II

Vamos dar início retomando Descartes e recapitulando alguns dos pontos levantados durante a discussão de suas concepções. Descartes argumentou, conforme vimos no Capítulo 1, que a mente humana e o corpo humano eram substâncias diferentes e independentes: a substância mental era essencialmente não-física, sua característica definitiva era a consciência, enquanto o corpo era composto de substância material, que nada possuía de mental, e era definido apenas pela 'extensão', ou pela propriedade de ocupar espaço. Faltando-lhe tais atributos mentais como a finalidade e a razão, o corpo era, efetivamente, uma máquina: seu comportamento poderia ser explicado simplesmente em termos das leis da física. Portanto, a única coisa que tornaria os seres humanos diferentes das máquinas era a presença de uma mente não-física ou alma. Aos animais, por sua vez, faltava-lhes almas, logo nada mais eram do que máquinas: eram como os autômatos, já discutido em capítulos anteriores, exceto que (e isso era importante para Descartes) eram criados por Deus e não pelos seres humanos e, portanto, eram máquinas vastamente mais complexas do que os simples brinquedos mecânicos que estavam em voga na época de Descartes.

Portanto, Descartes relaciona as questões sobre os animais e as máquinas, postulando, claramente, que nenhum deles eram dotados de mentes no mesmo sentido que os seres humanos. Seria melhor para a nossa discussão iniciar pela sua opinião quanto aos animais. Por que ele acredita que os animais não possuem almas? Existe um argumento que apóia esse conflito no

Discourse on the method[1] (Descartes 1984), de Descartes, embora exija um pouco de trabalho para extraí-lo de seus comentários. Para Descartes, possuir uma mente ou alma era, conforme já visto, estar apto a engajar-se em pensamento abstrato ou raciocínio. Os animais não são dotados de raciocínio, portanto, não possuem uma mente ou alma. Sua declaração de que os animais não possuem raciocínio não é uma alegação puramente dogmática: para apoiar seu ponto de vista, indica duas formas relevantes nas quais os animais diferem dos seres humanos. Primeiramente, os animais, diferentemente das pessoas, não podem fazer uso das palavras ou de outros tipos de sinais para comunicar seus pensamentos aos outros. Em segundo lugar, apesar de poder fazer várias coisas tão bem ou, inclusive, melhor do que os seres humanos, são inferiores em coisas cuja habilidade depende do conhecimento. Juntamente, essas duas declarações indicam, conforme Descartes, que os animais não são dotados de razão, portanto não possuem mentes. Descartes conclui que eles são apenas como os autômatos ou brinquedos mecânicos, exceto, conforme dito anteriormente, pela sua complexidade.

Se compreendermos e avaliarmos o argumento de Descartes adequadamente, será necessário analisar essas duas considerações separadamente e em maiores detalhes (mais detalhadamente do que o próprio Descartes). Em primeiro lugar, ele diz que os animais não podem utilizar as palavras da mesma forma que nós o fazemos. Não nega que os animais possam produzir sons que podem, de certa forma, ter algum significado expressivo: por exemplo, se você machucar um cão, ele latirá de dor, e se você acariciar um gato, ele pode ronronar de prazer. No entanto, isso não é, para Descartes, utilizar as palavras da mesma forma que fazem os humanos. Isso relaciona-se bem mais à forma pela qual um autômato pode ser programado para produzir certo som, por exemplo, ao pressionar-se um botão específico: como uma boneca que diz, 'Mamãe' quando você puxa um cordão em suas costas. Não diríamos que a boneca expressou um pensamento quando vocalizou esse som, ou quando o gato ronronou. Por que não? Simplesmente porque essas são respostas *puramente automáticas* a estímulos específicos e são produzidos apenas quando o estímulo está presente. A boneca apenas diz 'Mamãe' quando o cordão é puxado. Contrariamente a isso, quando os seres humanos utilizam palavras, podem fazê-lo mesmo se o assunto referido não se encontra

---

[1] N. de T. Em acréscimo às sugestões de traduções desta obra de Descartes para a língua portuguesa indicadas na N. de T. na p.26, sugerimos outras opções: a) Descartes, René: *Discurso do Método; regras para a direção do espírito* [Tradução: Pietro Nassetti]; São Paulo: M. Claret, 2004, 144 p., 19 cm; b) Descartes, René: *Discurso do Método*; [Tradução: Paulo Neves, Introdução: Denis Lerrer Rosenfield]; Porto Alegre: L&PM, 2005, 123 p.; c) Descartes, René: *Discurso do método* [Tradução: J. Guinsburg, Bento Prado Junior]; 5. ed.; São Paulo: Nova Cultural, 1991; 296 p.

presente: podemos falar sobre nossas mães mesmo quando elas estão longe de nós. Mesmo quando coisas ou pessoas a quem nos referimos encontram-se presentes, exercemos julgamento ao utilizar a palavra – alguém *reconhece* sua mãe e *quer* referir-se a ela pelo uso da palavra. A boneca, obviamente, uma vez mais, não precisa exercer qualquer julgamento e não está se *referindo* à sua mãe quando produz este som. Eis porque o uso de palavras como seres humanos implica o pensamento: logo, se for verdade o fato de que outros animais nunca utilizam as palavras dessa forma, então, não empregam este tipo de pensamento.

E quanto às outras considerações? O ponto de Descartes é que, em muitas instâncias, os animais são *mais* habilidosos do que os seres humanos. Eles tendem a ser melhores em habilidades instintivas ou puramente costumeiras que devem ser executadas da mesma forma, todas as vezes. Os pássaros, por exemplo, podem ser melhores na construção de ninhos para si próprios e para seus filhotes do que os seres humanos ao construir casas: tendem a cometer menos erros. No entanto, essa mesma habilidade é, para Descartes, um indício de que não utilizam a razão como as pessoas. Afinal de contas, o autômato pode muito bem executar suas atividades limitadas de modo mais perfeito e sem equívocos do que os seres humanos o fariam, na mesma situação. Uma calculadora de bolso possui uma chance maior de acertar uma conta complicada do que eu: mas isso não nos leva a concluir que a calculadora esteja *pensando* – ela acerta a conta precisamente, todas as vezes, porque trabalha de uma maneira puramente automática e não precisa pensar. A razão é, diz Descartes, um 'instrumento universal' (Descartes, 1984, p. 140).[2] Ou seja, não responde especificamente a um estímulo em particular, mas varia conforme o estímulo. Fazer algo refletidamente significa aplicar certas razões gerais de modo adequado ao caso com o qual estamos lidando, ou ainda criar *novas* formas de lidar com uma situação inédita e isso exige que pensemos sobre a natureza desse caso. Dirigir um carro inteligentemente, por exemplo, significa utilizar os vários controles no momento certo, dirigir dentro de uma velocidade adequada às condições da estrada, direcionar o veículo tendo a visão a respeito da circulação e dos pedestres na rua, e assim por diante. Tudo isso exige que o motorista faça julgamentos, por exemplo: – será que a estrada está molhada demais para dirigir nesta velocidade ou será que aquele pedestre porá os pés na estrada assim que eu me aproximar? (Esses julgamentos não são, normalmente, feitos *conscientemente*). Tais julgamentos podem estar equivocados, logo fazer algo com o pensamento pode,

---

[2]N. de T. Cf. as indicações de traduções de R.Descartes para a língua portuguesa nas N. de T. nas p. 17, 26 e 83.

muitas vezes, significar que é feito de um modo pior do que aquele que é feito automaticamente. No entanto, algumas coisas, simplesmente porque exigem esses exercícios de julgamento, não podem ser feitas de maneira automática. Isto é ainda mais óbvio quando tomamos em consideração exemplos de pensamento *criativo* sobre situações radicalmente novas. Para Descartes, os animais (e os autômatos) somente podem fazer coisas automaticamente, demonstrando, assim, que não possuem mentes, ao passo que as pessoas, sim.

Esses argumentos são interessantes e certamente auxiliam no esclarecimento do que significa possuir uma mente. Mas, infelizmente, para Descartes, esses argumentos não proporcionam algum tipo de *prova* quanto à sua afirmação de que os animais não possuem almas. Primeiramente, porque eles se baseiam em certas alegações *empíricas* sobre os animais que podem não ser tão obviamente verdadeiras, como Descartes parece ter pensado. Será tão claro, em primeiro lugar, que nenhum animal, exceto os seres humanos, seja capaz de utilizar uma linguagem significativa? Muitos trabalhos têm sido feitos sobre as aptidões lingüísticas de gorilas, golfinhos e outras espécies que foram interpretadas, ao menos por alguns, como demonstrações de que eles são capazes de utilizar sistemas relativamente sofisticados de sinais de comunicação, seja com os humanos ou com outros membros de sua espécie. É, certamente, possível questionar essa interpretação e é possível que existam bons motivos para tal: os gorilas que foram estudados, por exemplo, foram *ensinados* a usar a linguagem humana dos seres humanos – não foi um produto natural de seu próprio desenvolvimento como gorilas (isso, no entanto, não parece ser verdade quanto aos golfinhos). Não obstante, o fato de que podemos conceber isso como sendo uma possibilidade demonstra que, talvez, não seja tão evidente, como Descartes imaginara, que *nenhum* animal fosse capaz de utilizar palavras como o fazem os seres humanos.

Da mesma forma, com o exercício de habilidades que envolvem razão e julgamento, será tão óbvio que todo o comportamento animal seja puramente automático e instintivo? Mais uma vez, estudos realizados com primatas, mais notavelmente por Wolfgang Kohler, parecem demonstrar que os gorilas podem fazer uso inteligente de objetos encontrados (como galhos de árvores) como instrumentos para alcançar suas metas. Utilizar alguma coisa como um instrumento envolve, primeiramente, identificá-lo como algo apropriado para o uso daquela maneira – nem todos os objetos encontrados serão igualmente úteis, por exemplo, em derrubar as bananas que se encontram fora do alcance do gorila. Em segundo lugar, isso exige que o objeto seja utilizado de formas variadas para que se enquadre dentro das necessidades da situação: derrubar uma banana de um galho pode exigir uma abordagem diferente de derrubar outra banana de um galho diferente. Em ambas as situações, o gorila necessita, de alguma forma, visualizar a situação de uma maneira abstrata – reconhecer, por exemplo, que a banana que deseja comer está fora do seu alcance e, portanto, que precisaria algo para estender seu braço para que pudesse alcançá-la. Se essa interpretação do comportamento do gorila está correta, então ele está utilizando a razão para resolver seus problemas e, portanto, exercitando o pensamento *criativo* e, logo, dentro do critério de Descartes, ele possui uma mente.

Não são apenas os primatas que podem exibir esse tipo de comportamento inteligente. Construir um ninho de pássaro exige algum tipo de adaptação, particularmente em relação ao local escolhido, aos tipos de materiais disponíveis no ambiente, e assim por diante. Um rato que procura encontrar o seu caminho dentro de um labirinto e pressiona a alavanca certa para obter sua comida poderia ser outro exemplo: o rato precisa aprender a distinguir diferentes caminhos para alcançar sua meta, podendo, ainda, re-aprender o caminho caso o experimentador modifique as condições. Mais uma vez, como no caso da linguagem, é bem possível que essas interpretações estejam equivocadas: mas, mesmo se estiverem, é importante que possamos ao menos conceber casos em que seja plausível dizer que um animal se comporta de maneiras que se baseiam no conhecimento e não no hábito ou no instinto.

Uma segunda objeção a Descartes é a seguinte: mesmo se o uso da linguagem e a variação do comportamento para se adequar à situação façam *parte* do que significa possuir uma mente, eles certamente não são o todo. No Capítulo 1, foi dito que Descartes tem uma visão excessivamente intelectualizada do que significa possuir uma mente e que esse intelectualismo é, aqui, igualmente evidente. Se considerarmos a variedade de características de um ser humano que poderíamos descrever ao discorrer sobre sua vida mental, incluiríamos muito mais do que seus processos intelectuais. John Searle, o filósofo americano (ao qual voltaremos ao longo do capítulo), considera um ponto de vista semelhante sobre a idéia da 'consciência'. Enumera uma gama de experiências diferentes, todas podendo ser descritas como conscientes:

> o cheiro da rosa, o gosto do vinho, uma dor na parte inferior das costas, uma memória repentina de um dia de outono dez anos atrás, a leitura de um livro, refletindo sobre um problema filosófico, preocupando-se sobre o imposto de renda, acordando no meio da noite repleto de ansiedades desconhecidas, sentindo uma súbita raiva quanto à má condução de outros motoristas na estrada, sendo tomado por um desejo sexual, sofrendo de angústias

de fome ao ver uma comida sendo preparada maravilhosamente, desejando estar em outro lugar, e sentindo-me entediado ao esperar em uma fila.

(Searle)[3]

Todas essas experiências envolvem a consciência ou a mente, mas apenas algumas delas envolvem um raciocínio abstrato. O fato, mesmo se isso for um fato, é que animais são incapazes de raciocínio abstrato, portanto, disso não se segue que é insignificante dizer que possuem mentes ou que são meras máquinas.

De maneira interessante, alguns dos seguidores de Descartes enfatizaram as conseqüências éticas quanto à sua visão a respeito dos animais. Argumentaram que, se os animais são apenas máquinas, então, assim como outras máquinas, não só não possuem o poder do pensamento criativo, como também não são dotados de emoções e sensações: e, mais especificamente, não podem sentir dor. Segundo esses cartesianos, suas expressões aparentes de dor são realmente apenas ruídos e movimentos físicos produzidos mecanicamente, como o ranger de uma porta sem óleo. Como não sentem dor, não há nada de errado em fazer experimentos com eles que causariam dor ao ser humano, como cortar seus corpos enquanto ainda estiverem vivos (o significado literal da palavra 'vivisseção'). Portanto, não existem barreiras éticas no que tange aos animais, para qualquer uso que fizermos deles em experiências científicas ou para qualquer outro contexto que produza algum benefício para os seres humanos. De acordo com a premissa oferecida por Descartes, quanto à sua concepção dos animais, seguiu-se uma conclusão logicamente ética: mas isto é, de certa forma, uma desaprovação à visão de Descartes (a censura funciona ao demonstrar que o dualismo cartesiano leva a conseqüências absurdas e que, portanto, devem estar equivocadas). Os animais, sejam eles capazes de raciocinar ou não, certamente possuem mentes no sentido de possuir sensações de dor e prazer e não parece existir, portanto, nenhuma razão para acreditar que causar dor aos animais, ou seja, infligir-lhes crueldade seja moralmente mais justificável do que infligi-la aos seres humanos.

---

[3]N. de T. No original: *the smell of a rose, the taste of wine, a pain in the lower back, a sudden memory of a fall day ten years ago, reading a book, thinking about a philosophical problem, worrying about income taxes, waking up in the middle of the night filled with nameless anxiety, feeling a sudden rage at the bad driving of other drivers on the freeway, being overwhelmed by sexual lust, having pangs of hunger at the sight of exquisitely prepared food, wishing to be somewhere else, and feeling bored while waiting in line.* (Searle 1999, p. 41).

John Searle: *Mente, linguagem e sociedade: filosofia no mundo real* [Tradução: F. Rangel]; Rio de Janeiro: Rocco, 2000; 160 p., Série: Ciência atual.

Searle, John: *O mistério da consciência* [Tradução: André Yuji Pinheiro Uema e Vladimir Safatle]; São Paulo: Paz e Terra, 1998, 239 p.

É possível dizer, é claro, que a vida mental de animais é mais simples e menos rica do que a da maioria dos seres humanos (devemos lembrar que nem todos os seres humanos parecem ser capazes de muita coisa quando se trata de raciocínio abstrato). Os animais, conforme visto anteriormente, devido ao caráter de suas vidas, não são dotados de conceitos sociais sofisticados como os dos seres humanos e, como tal, em si mesma, a possibilidade de ter tipos de pensamentos complexos e emoções: não importa o que seus donos pensem, os gatos e os cães, por exemplo, não se 'apaixonam'. Isto implicaria poder dizer, significativamente, que os animais possuem mentes, mas com um nível inferior de complexidade do que a maioria dos seres humanos adultos e normais: E, ainda, isso nos possibilitaria falar sobre a mente de um tipo de animal como possuindo um nível de complexidade maior ou menor do que a de outro animal – de, por exemplo, a mente de um orangotango possuir um nível de complexidade maior do que a de um rato. Alguns podem discordar ao se referir ao mental como possuindo níveis nesse sentido, mas é difícil de compreender o motivo, a menos que alguém aceite a visão cartesiana da mente como uma 'substância'. Claramente, para Descartes, o ser ou possui uma mente ou não a possui, e não há nada entre os dois. No entanto, consideramos os argumentos por dizer que essa visão 'substancial' da mente está mal orientada, e por acreditar que possuir uma mente como estando fundamentalmente relacionada a ter certas características e ser capaz de fazer certos tipos de coisas: nessa visão, não existe nenhuma objeção em dizer que a mente pode estar mais presente em alguns casos do que em outros.

No entanto, mesmo nessa visão, ainda existem diferenças radicais entre mentes que envolvem poderes de raciocínio abstrato e aquelas que não os envolvem: a primeira inclui as mentes humanas, mas não necessariamente só elas. Possuir emoções, sensações, desejos, etc., incluindo o poder do pensamento abstrato, significa a possibilidade de nos afastar das emoções e avaliá-las, adquirindo, assim, o poder de controlá-las. A vida mental de um ser humano, portanto, não consiste apenas em uma seqüência de emoções vividas passivamente, mas de considerações razoáveis, ou, de outra forma, das emoções vivenciadas. Possuir poderes de pensamento racional também significa ser capaz de sentir emoções sobre alguma coisa e sentir desejo por coisas que não estão presentes – coisas no passado ou no futuro, entidades fictícias, entidades abstratas e assim por diante. É ser capaz de sentir emoção sobre alguma coisa, ou desejo por coisas outras do que aquelas que dão vazão a esses desejos, natural ou biologicamente – coisas que se transformam em objetos de emoção ou desejo apenas quando alguém pensou sobre elas de maneiras mais sofisticadas e complexas. Podemos, por exemplo, desejar uma sociedade mais justa, bem como querer aquele pêssego saboroso na árvore à nossa frente; ou estar feliz com a vitória de nosso time no final da Copa, assim como estar de estômago cheio. Sob esse ponto de vista, na medida em que uma mente que seja incapaz de raciocínio abstrato ainda seja uma mente, é uma mente menos complexa do que aquela que possui a capacidade para tal. É interessante questionar a existência de uma mente que fosse *apenas* capaz de raciocínio abstrato e não possuísse emoções, desejos ou sensações (o que é mais ou menos a concepção cartesiana, sendo supostamente exemplificada pelo Dr. Spock, o personagem da primeira série de televisão *Star Trek*). Essa questão será discutida ao longo do capítulo quando considerarmos a possibilidade de máquinas com mentes.

III

Se as mentes podem ser mais ou menos complexas, então isso parece abrir caminho quanto a pensar sobre a mente humana como tendo *evoluído*. Se a espécie A possui uma mente menos complexa do que a espécie B, enquanto a espécie B possui uma mente menos complexa do que a espécie C, então parece fazer sentido falar que as mentes mais complexas tenham evoluído dos menos complexos, presumivelmente como parte da evolução geral de C para B e de B para A. (A significância da possibilidade de tal evolução não necessariamente implica, é claro, que ela realmente tenha acontecido.) Parece plausível dizer que as capacidades mentais mais complexas exigem uma maior complexidade no cérebro: e isso de tal forma que, para que o mecanismo da evolução mental possa ser visto como um aumento na complexidade do cérebro resultante da seleção natural – animais com cérebros mais complexos devem estar mais bem adaptados ao ambiente em que habitam, devido às suas maiores capacidades mentais. (Mais uma vez, isto é sugerido apenas como uma possível hipótese: a única justificativa para aceitá-la tem base empírica, não filosófica.) Muitos filósofos e cientistas, incluindo o próprio Charles Darwin, em seu *The descent of man* (1871),[4] de fato pensaram na mente ou na consciência humana como tendo evoluído mais ou menos dessa maneira, ou seja, a partir de formas mais simples de interação com o mundo. Entre os filósofos contemporâneos, talvez o representativo mais notável dessa forma de pensar seja o norte-americano. Daniel C. Dennett (ver especialmente Dennett, 1991, Capítulo 7). Uma ramificação dessa forma de pensamento é a escola dos 'psicólogos evolucionistas', que buscam explicar muitas características do comportamento humano atual como uma forma de

---

[4]N. de T. Darwin, Charles: *A descendência do homem e a seleção natural*. Rio de Janeiro: Ed. Marisa, 1933, 224 p.

expressão de mecanismos psicológicos bastante arraigados no cérebro, que, no passado, originalmente evoluíram como formas bem-sucedidas na adaptação de problemas que existiam então.

Em termos gerais, nada contraria (exceto para um dualista cartesiano) a idéia de que as nossas capacidades mentais presentes possam depender das formas em que nossos cérebros evoluíram sob as pressões da seleção natural. No entanto, é uma idéia cujas implicações filosóficas (se existir alguma) precisam ser refletidas cuidadosamente. Muitos daqueles que consideram uma visão evolutiva da mente supõem que isso apenas se enquadra em uma versão reducionista do materialismo, em que, simplesmente, a mente *é* o cérebro, ou em que os estados mentais e os processos *são* apenas idênticos aos estados cerebrais e processos. Uma das objeções levantadas ao dualismo cartesiano no capítulo 1 foi, certamente, sua falha em considerar a relação evolutiva entre a mente humana e a de outras espécies. Mas no Capítulo 2, o tipo de reducionismo mente-cérebro mencionado foi, igualmente, colocado em questão: não deveríamos pressupor a evidência de que é uma conseqüência necessária, ou uma inferência natural desse tipo de especulação sobre a evolução do cérebro.

Vamos tentar selecionar nosso caminho por meio dessa confusão. Primeiramente, rejeitar o dualismo cartesiano significa aceitar que o universo e tudo aquilo dentro dele, incluindo nós, é feito de apenas uma espécie de coisa e não de duas. A coisa em questão pode ser a substância mental de Descartes, ou sua substância material (as alternativas mais populares), ou, talvez, uma terceira coisa que não seja nenhuma das duas ou as duas, como no 'monismo neutro' que fascinou Bertrand Russel por um tempo. Se tudo é composto por algo mental, então somos 'idealistas' filosóficos, como Bishop Berkeley ou Hegel. Ambos, o monismo neutro e o idealismo, apesar de seus importantes seguidores, foram, basicamente, considerados pela maioria dos filósofos como possuindo muitas dificuldades para serem aceitos, portanto não perderemos tempo com eles aqui. Se formos rejeitá-los, então nos resta a visão de que tudo, incluindo nós mesmos, é feito de matéria e, nesse sentido, somos materialistas. A relevância disso sobre a questão da mente é que a 'mente' não pode ser a denominação de alguma entidade não-material, alguma coisa feita de algo não-material. No entanto, os argumentos dos capítulos anteriores deveriam ter deixado claro que daí não se segue que a 'mente' seja o nome de uma entidade *material* (por exemplo, que a mente é idêntica ao cérebro): talvez não seja, de modo algum, o nome de uma entidade, mas uma forma de se referir a certos tipos de características dos seres humanos (e talvez de outros animais) que influenciam as maneiras de como compreendemos o comportamento humano ou animal. Em suma, é possível ser um 'materialista' no sentido de um não-dualista, sem ser um 'materialista' no sentido de um reducionista.

Qualquer tipo de materialismo não enfrenta nenhum problema filosófico na aceitação de que possuir certos tipos de mecanismos funcionais do cérebro é uma condição necessária para se ter a capacidade para operações mentais de certos tipos. Por exemplo, parece não existir nenhuma dificuldade filosófica em aceitar que ser capaz de calcular, ou de relembrar experiências passadas, ou de reconhecer pessoas queridas, necessita de um cérebro que funcione apropriadamente com certo grau de complexidade. Portanto, até mesmo um materialista não-reducionista poderia aceitar que, na medida em que o cérebro evoluiu e tornou-se mais complexo, isso possibilitou que aqueles dotados de cérebros se engajassem em atividades mentais cada vez mais complexas. Um esquilo, por exemplo, não é sequer capaz de resolver um tipo de aritmética muito simples feita por crianças na escola primária. Por quê? Basicamente porque ele não possui o cérebro propício para tornar essa habilidade disponível. A razão pela qual isso não acontece é muito possivelmente porque os ancestrais humanos das crianças da escola primária viveram em ambientes mais complexos que esses esquilos, em que as capacidades possibilitadas por um cérebro mais complexo foram necessárias para a sobrevivência até o momento da reprodução. Nesse sentido, esses tipos de funções cerebrais que possibilitam as capacidades humanas e as tendências que denominamos de 'mentais' podem muito bem ser o produto da evolução pela seleção natural.

Seria isso o mesmo que dizer que a mente humana é o produto da evolução? Se não considerarmos a 'mente' como uma coisa ou, digamos, como equivalente ao cérebro, então dizer isso implicaria que poderíamos, como professam os psicólogos evolucionistas, explicar os pensamentos e as atividades dos seres humanos ao mostrar, agora, que eles possuem mentes como produtos da seleção natural. Mas podemos fazer isso? Em alguns casos, possuir uma capacidade ou uma tendência pode significar estar pré-programado a agir de certa maneira: como, por exemplo, um dos autômatos de Descartes poderia ter a capacidade de cantar uma música quando um botão específico fosse pressionado. Aqui, isso seria uma explicação completa do motivo pelo qual o autômato cantou a música, referindo-nos ao mecanismo em seu interior que produziu esse comportamento. Se casos como esses existem no comportamento humano, certamente poderiam ser explicados pela teoria de Darwin: o bebê procurando o seio da mãe parece um exemplo de uma tendência construída na 'conexão fundamental' do cérebro que evoluiu porque possibilitou a sobrevivência. No entanto, esse tipo de caso é bastante raro no comportamento humano e quando falamos sobre outras formas de ações humanas nas quais é mais natural falar da 'mente', a situação, então, não é tão clara.

Considere um simples exemplo: alguém tentando decidir a respeito da compra de um bilhete lotérico. Esta pessoa está parcialmente atraída pela perspectiva de ganhar uma grande quantidade de dinheiro (se você não comprar um bilhete, você não pode ganhar); mas hesita porque sabe que as chances de realmente ganhar o dinheiro são muito remotas e que, talvez, existam melhores usos para o seu dinheiro do que gastá-lo com o bilhete. A possibilidade de ganhar muito dinheiro sem esforço é uma idéia que muitas pessoas considerariam fascinante, apesar de que poderia ser contrabalançada por sentimentos de culpa moral sobre toda a questão da aposta ou, ainda, por um sentimento de que seria irresponsável de sua parte desperdiçar seu dinheiro precioso dessa forma, quando existem outras prioridades para o uso de seus recursos limitados: ou, é claro, por ambas. No final, supomos que escolha, de qualquer forma, arriscar a sorte e comprar um bilhete. Seu comportamento, ou qualquer outro aspecto dele, poderia ser explicado pela forma no qual evoluiu o cérebro humano?

Imagine que, ao final, a tendência de querer muito dinheiro, subitamente e sem esforço, fosse o produto de características inatas ao cérebro. Provavelmente faz sentido dizer (se isso for ou não verdade, de fato) que os seres humanos naturalmente (ou seja, devido à maneira como são constituídos) apreciam benefícios súbitos e sem esforços, golpes de sorte vindo em sua direção. Isso pode ser parte da explicação do porquê os pensamentos da mulher tomaram esse rumo quando se encontrou diante do vendedor do bilhete lotérico: mas não pode ser toda a explicação, mesmo para isso. Seus pensamentos não teriam tomado esse rumo a menos que ela também vivesse em uma sociedade em que o dinheiro existisse, e em que a aquisição de dinheiro fosse considerada um grande benefício, e obviamente também, em que existisse uma lotérica oferecendo um meio para alguns poucos obterem grandes quantidades de dinheiro. Pontos similares poderiam ser feitos sobre a cautela que poderia inibi-la da compra do bilhete. É plausível dizer que a resistência em precipitar-se sobre alguma coisa, por mais atraente que seja, tem trazido benefícios de sobrevivência para os seres humanos, portanto aqueles que possuem os mecanismos cerebrais que inibem comportamentos impetuosos, provavelmente, terão maiores chances de sobrevivência do que aqueles que não os possuem. No entanto, disso não se segue que tal mecanismo inibitório inato seja suficiente, em si, para explicar porque ela considera mais responsável gastar o dinheiro com sua família do que com um bilhete lotérico. Mais uma vez, fatores culturais e pessoais necessitam ser invocados para explicar porque, em seu caso, a inibição assume essa forma.

Finalmente, mesmo se as forças das considerações opostas pudessem ser explicadas em termos dos mecanismos cerebrais inatos, o que permanece sem explicação é a forma como ela chega à decisão eventual. No final do dia, é certamente devido ao fato de que a idéia de uma emoção é mais atraente do que a idéia de gastar o dinheiro em, por exemplo, comprando repolhos. Outros podem muito bem chegar a uma conclusão diferente: balanceariam os prós e os contras de outra maneira e, portanto, agiriam diferentemente dela. Isto é, então, uma questão de diferenças individuais. As diferenças individuais podem ser explicadas pelas diferenças em experiências passadas, que, sem dúvida, possuem suas conseqüências na forma como os cérebros individuais funcionam: mas, mesmo dizer isso significa dizer que os mecanismos cerebrais, como tais, não são responsáveis pelo comportamento, mas sim, as experiências passadas codificadas em seu interior. Se, por exemplo, ela optou por comprar o bilhete porque fora encorajada por sua família a arriscar em tais situações, então temos tudo para compreender a sua escolha, mesmo que não saibamos o que estava se passando em seu cérebro no momento da compra.

Portanto, mesmo se os mecanismos cerebrais que estão conectados com certas formas de pensar, ou mesmo se certos tipos de motivação fossem produtos da evolução, isso não pode explicar a forma como as pessoas se comportam hoje. De acordo com Darwin, a seleção natural favorece certas características que têm valor de sobrevivência para os indivíduos que as possuem, mas, no entanto, se transformam apenas em uma fonte de mudança evolutiva quando essas características são repassadas para seus descendentes, tornando-se parte da espécie em geral. Portanto, o que evolui são certas capacidades e tendências que são divididas por todos os seres humanos: mas a que nos referimos como 'mente', conforme já discutido neste livro, são as maneiras como essas capacidades e tendências gerais se manifestam no comportamento de seres humanos individuais. O que deve ser demonstrado, se discutirmos sobre a evolução da mente humana ou sobre a psicologia evolucionista, não é que alguma coisa (o cérebro) evoluiu de tal forma que possibilitou certos tipos de comportamento: mas se esses tipos de comportamento são inteiramente explicados em termos de mecanismos cerebrais. No entanto, como demonstra o exemplo recém discutido, a forma como alguém se comporta deve ser explicada em termos de fatores culturais e sociais, bem como de diferenças individuais que existem hoje e não em termos do valor de sobrevivência biológica do passado. Devido a isso, não podemos explicar adequadamente como as pessoas se comportam hoje, baseado no que poderia ter sido considerado como valor de sobrevivência para as espécies humanas no passado. No máximo, diríamos que o valor de sobrevivência no passado pode ser apenas um elemento em uma explicação, a possibilidade que não pode ser excluída de que as pessoas, hoje em dia, devido da mudanças culturais ou outras, possam agir de modo como elas teriam lutado diante da sobrevivência da espécie no passado – da forma compassiva como, talvez, agimos para manter vivas as pessoas muito vulneráveis.

IV

Descartes comparou os animais com as máquinas e argumentou que, de nenhum deles, pode-se dizer que têm uma mente. Como já argumentamos, não faz sentido dizer que os animais possuem mentes e que isso é consistente com o dizer que existem diferenças significativas entre as mentes humanas (e aquelas cujas espécies são suficientemente semelhantes às dos seres humanos) e as mentes de outros animais. Se este for o caso, então Descartes estava equivocado sobre os animais. Segue-se daí que ele também estava equivocado quanto às máquinas? Ou será que existem diferenças relevantes entre animais e máquinas?

Os tipos de máquinas, na mente de Descartes, eram muito simples: eram os autômatos, brinquedos mecânicos essencialmente simples, como os brinquedos de corda que costumavam ser vendidos e que, ao dar corda, funcionavam com um boneco tocando o tambor, um chocalho ou um tamborim. Ninguém estaria inclinado a dizer que tal autômato 'possuía uma mente': ele não tem a *intenção* de tocar o tambor, mas é levado a movimentar seu 'braço' de tal maneira, devido ao trabalho de sua mola e de seus mecanismos internos que entram em contato com o tambor e produzem um barulho. Não poderíamos nem treiná-lo, por exemplo, ao oferecer incentivos para tocar o tambor diferentemente, ou seja, com um ritmo diferente; assim como não poderíamos fazê-lo parar de tocar o tambor, por meio de uma forma de castigo. Ambos os métodos podem, é claro, ser utilizados mesmo com animais relativamente simples. A única maneira de modificar o comportamento do autômato seria interferindo, de alguma maneira, em seus mecanismos internos. Isso significa que os autômatos, como tais, não possuem mentes, ou que as mentes são apenas autômatos muito, muito complicados?

Hoje possuímos máquinas muito mais sofisticadas que podem ser programadas para se comportarem de maneiras bem mais complexas e variadas. Temos programas de computadores que jogam xadrez e que são capazes de vencer, inclusive, os Grandes Mestres[5] humanos e outros, ainda, que ofere-

---

[5] N. de T. No original: *Grand Masters*. Cf. o *website* www.wikipedia.org. Trata-se do maior título vitalício atingido por um jogador de xadrez conferido pela organização FIDE (Federação mundial do xadrez).

cem uma imitação plausível de um psiquiatra entrevistando um paciente. Mesmo se quiséssemos dizer, no momento, que um computador jogador de xadrez possui uma mente própria, será que fenômenos como esse sugerem a possibilidade de que desenvolvimentos ulteriores poderiam, em algum momento do futuro, produzir um computador ou um robô que pudéssemos descrever desse modo? Muitas pessoas no mundo da computação, juntamente com muitos escritores de ficção-científica e filósofos, gostariam de responder 'Sim' a essa questão. O grande pioneiro da computação, Alan Turing (1912-54), parece ter tomado isso como algo efetivamente verdadeiro. Propôs o que é mais geralmente conhecido, devido a ele, como o 'Teste de Turing'. Basicamente, esse teste é executado com um interrogador fazendo as mesmas perguntas de (a) um ser humano e, (b) de um computador, ambos permanecendo fora do alcance do interrogador e ambos comunicando suas respostas indiretamente, por exemplo, por uma máquina de teledigitação para que o interrogador não saiba distingui-los. Se o que interroga não for capaz de discernir pelas respostas que lhe são dadas, quem é quem, então seria razoável concluir que, por assim dizer, o computador possui uma mente como se ele fosse um ser humano.

O projeto de 'Inteligência Artificial' (IA), como é denominado, busca avançar na direção da criação de computadores que serão capazes de executar o maior número possível das funções mentais dos seres humanos, incluindo (para mencionar algumas tentativas que foram realizadas até o momento) o ato de jogar jogos, percepção visual, controle de outras máquinas e a do uso da linguagem. Alguns que apóiam esse projeto são relativamente modestos em suas afirmações para tal: eles argumentam que a execução dessas tarefas, pelas máquinas, poderá aliviar os seres humanos da necessidade de executá-las e remover equívocos humanos de certos processos: dizem ainda que compreender como as máquinas executam esses trabalhos poderá facilitar o entendimento de como funciona a mente humana no campo apropriado. Essa abordagem puramente pragmática e modesta é aquilo que John Searle, o filósofo americano mencionado anteriormente, chama de 'IA Fraca'[6-7]. No entanto, existe uma abordagem muito mais audaciosa e mais filosófica que

---

[6]N. de T. Cf. o Manual Artmed de Editoração, "A IA fraca ou 'visão fraca' da IA sustenta que a criação de programas inteligentes é simplesmente um meio de testar teorias sobre como os seres humanos talvez executem operações cognitivas".

[7]N. de T. Cf. o Manual Artmed de Editoração, a "IA forte é a Visão da IA segundo a qual o computador adequadamente programado é uma mente e reproduz estados mentais. Os programas não seriam meramente ferramentas que nos habilitam a testar teorias acerca do funcionamento mental humano".

Manual Artmed de Editoração. Porto Alegre: Artmed, 1999, p. 79.

Searle chama de 'IA Forte'. Esta é a teoria de que um computador implementando um programa suficientemente sofisticado 'possui uma mente'. Nas palavras de Searle, a tese da IA Forte é 'que, *por si só, o programa implementado é constitutivo no que diz respeito/ no que se refere a ter uma mente*' (Searle, 1997, p. 14: os itálicos são do autor).

A IA pode ser questionada se podemos ou não fazer uma distinção definitiva entre 'Forte' e 'Fraca': afinal de contas, a idéia de que compreender programas de computador pode nos auxiliar em uma melhor compreensão da mente humana implica, talvez, em uma linguagem mais modesta, na tese filosófica de que os programas implementados, em questão, são da mesma natureza que os processos mentais humanos. Por exemplo, a crença de que é possível criar uma máquina tradutora implica que o que é feito por um programa de computador para produzir a 'tradução' de uma passagem do francês para o português é essencialmente a mesma coisa realizada por um tradutor humano que trabalha em cima da mesma passagem. Não obstante, a tarefa real é confrontar a IA Forte, tornando essas alegações filosóficas muito mais explícitas e expressando-as de maneira muito mais vigorosa.

A primeira coisa que poderia ser dita é que, mesmo se o computador pudesse executar certos tipos de tarefas normalmente efetuadas pelos seres humanos, o que naturalmente envolveria a mente humana, isto não significa que o computador devesse ser descrito como 'possuindo uma mente'. Levemos em conta uma tarefa que computadores de vários tipos têm sido capazes de executar, há muito tempo, mais precisamente, a do cálculo. Acredita-se que a capacidade de um ser humano para calcular seja normalmente considerada uma habilidade mental, um exercício do intelecto. A matemática, em suas várias formas – a geometria, a aritmética, a álgebra e assim por diante – é geralmente considerada como uma das mais altas manifestações da mente humana, e Platão, inclusive, incluiu a habilidade para a geometria como uma pré-condição para se tornar um filósofo. Portanto, certamente, seria possível dizer que uma calculadora de bolso, ou ainda, um computador, possuem habilidades mentais? Jogar bem xadrez é, uma vez mais, associado à habilidade matemática, da mesma maneira que o pensamento é um exemplo particularmente óbvio de uma mente trabalhando.

No entanto, a habilidade de uma calculadora em fazer aritmética será mais eficiente do que a dos seres humanos, ou a habilidade de um computador de ganhar de um Grande Mestre em xadrez, um sinal de que a máquina possui uma mente (talvez uma mente superior à maioria dos seres humanos)? Existem duas razões relacionadas que explicam o motivo pelo qual podemos negar que isso seja assim. Primeiramente, conforme discutido anteriormente na crítica a Descartes, 'possuir uma mente' é mais do que possuir certas habilidades intelectuais de alto nível: ela também envolve possuir emoções, sensações, desejos, esperanças e propósitos próprios. Em segundo lugar, devido a isso, mesmo as habilidades intelectuais de alto nível da mente humana não podem ser compreendidas separadamente das outras dimensões da personalidade humana. Os Grandes Mestres jogam xadrez tão bem, não apenas porque são naturalmente dotados com a habilidade para o jogo, mas também porque consideram o xadrez como uma atividade fascinante, algo em que desejam sobrepujar-se e, particularmente, ser melhores do que seus concorrentes. Essa paixão de vencer que os motiva a jogar pode, às vezes, fazer com que cometam erros que um computador que simplesmente executa movimentos possíveis sem nenhuma motivação interna, poderia evitar. O computador substitui esse procedimento puramente mecânico pela motivação humana: mas nesse sentido, não está realmente 'jogando xadrez', mas apenas executando movimentos que os observadores humanos podem interpretar como jogadas em uma partida. Um computador não joga xadrez assim como um caça-níquel não vende chocolate. No entanto, é possível argumentar que, apenas nesse sentido, jogando xadrez (ou vendendo chocolate), ele exibe qualidades da mente e não, simplesmente, executa jogadas.

O nome de John Searle já fora mencionado anteriormente. Searle é o autor de um dos argumentos mais conhecidos e mais discutidos contra a possibilidade do que ele denomina de IA Forte – normalmente referido como o argumento do 'Quarto Chinês', devido à experiência-de-pensamento[8] que é essencial nele. Searle deixa claro que, ao atacar a IA Forte, não está negando que as máquinas podem pensar, ou mesmo dizendo que os computadores não podem pensar (ver Searle, 1997, p. 13).[9] Sua razão para falar dessa forma é interessante e retornaremos a esse assunto um pouco mais tarde. O cérebro humano, diz Searle, é uma máquina e o cérebro pode pensar. Além disso, o cérebro é um computador no sentido de que executa computações (por exemplo, adicionando dois e dois e conseguindo a soma quatro). Se esses dois argumentos forem aceitos, então Searle certamente não deseja negar que algumas máquinas e computadores podem pensar. O que deseja negar é, conforme visto anteriormente, que pensar é apenas uma questão de implementar um programa de computador: colocando diferentemente, que as máquinas ou computadores, cujas operações simplesmente consistem na implementação de programas, não podem pensar.

Isto nos leva a uma experiência-de-pensamento. Searle pede-nos que suponhamos alguém fechado em um quarto que contém muitas caixas com

---

[8] N. de T. No original, *thought-experiment*.
[9] N. de T. Searle, John. *Mente, linguagem e sociedade: filosofia no mundo real* [Tradução: F. Rangel]; Rio de Janeiro: Rocco, 2000, 160 p., Série: Ciência atual.

símbolos chineses e sem conhecimento algum de chinês. Alguém lhe entrega conjuntos de símbolos chineses que expressam perguntas. Possui um livro de regras que diz o que fazer no recebimento de um conjunto específico de símbolos – qual caixa escolher e qual símbolo tirar de dentro dela. Ele segue essas regras e entrega ao questionador um conjunto de símbolos que, de fato, dão uma resposta à pergunta que foi feita. Seu comportamento é, argumenta Searle, o mesmo de um programa de computador executando um programa. O tópico da experiência-de-pensamento é assim declarado:

> *Se eu* [a pessoa no quarto chinês] *não compreendo o chinês baseado na implementação de um programa de computador para compreender o chinês, então nenhum outro computador digital baseado unicamente nisso compreenderá, porque nenhum computador digital possui algo que eu não possua.*
>
> (Searle)[10]

O que Searle está fazendo parece revelar problemas no teste de Turing. O homem no quarto chinês poderia responder a certos tipos de perguntas em chinês, tão bem como alguém que compreenda o chinês, mas isso não demonstraria, obviamente, que compreendeu chinês ou que estava dando respostas que envolviam o pensamento. Se não entendeu nenhuma das perguntas ou respostas, então é claro dizer que não está pensando sobre as respostas.

Se o teste Turing deve funcionar da forma como ele mesmo sugeriu, devemos, obviamente, expandir o alcance das questões que podem ser aplicadas. Não incluiríamos apenas as questões que possuem uma resposta certa ou errada, como 'Qual a soma de dois mais dois?' ou 'Qual a capital da França?': um computador poderia facilmente ser programado para oferecer respostas corretas de maneira consistente a essas perguntas e pode muito bem ser *mais* consistente em responder corretamente do que um ser humano (essa mesma consistência poderia, ironicamente, levar-nos a suspeitar de que fosse apenas um computador!). Se tivéssemos uma forma mais eficaz de decidir se os computadores poderiam *realmente* pensar como as pessoas o fazem, então deveríamos incluir questões para as quais não existe uma única resposta correta. Os exemplos poderiam ser, 'Você tem medo da morte?', 'A política sobre aposentadoria do grupo A é melhor do que aquela do grupo B?', 'O aborto é moralmente errado?', 'Os telefones celulares são coisas boas?', e assim por diante. O teste para verificar se o pensamento está ocor-

---

[10]N.de T. No original: *If I* [the person in the chinese room] *do not understand Chinese on the basic of implementing a computer program for understanding Chinese, then neither does any other digital computer solely on that basis, because no digital computer has anything witch I do not have.* (Searle, 1977, p. 11: os itálicos são do autor.)

rendo não estaria dentro da resposta oferecida, mas se, sim ou não, as razões são dadas para uma resposta em particular. Essa troca de pergunta e resposta claramente não poderia ser trabalhada com os procedimentos utilizados por Searle no quarto chinês, pois não existiriam regras para dizer qual conjunto de símbolos seria a resposta adequada em tal caso.

Mas isto reforça a posição de Searle. De acordo com Searle, as regras do livro seguidas pelo homem no quarto chinês são regras de *sintaxe*, não de *semântica*. Isto é, são regras para a combinação de símbolos de formas permissíveis, sem a preocupação com o que eles *significam*. Um computador que tenha sido programado somente com regras sintáticas, nesse sentido, não pode 'compreender' as questões que lhe foram 'perguntadas' ou as 'respostas' dadas de volta para quem as perguntou. Portanto, o computador não poderia oferecer uma resposta que *parecesse* exigir pensamento para tais questões mais sutis recém listadas. Oferecer qualquer coisa que poderia ser considerada como uma resposta a uma pergunta do tipo 'A política do grupo A é melhor do que aquela do grupo B?` é possível apenas se a pessoa compreender, ao menos, o que significa um grupo político, o que é uma política, e algumas das razões padrões quanto ao posicionamento de uma política sobre a outra. No entanto, com perguntas mais diretas para as quais podem ser dadas respostas 'certas' ou 'erradas', a compreensão também é necessária para o exercício genuíno da inteligência. Posso 'perguntar' à minha calculadora de bolso quanto é 789 multiplicado por 456 e receber a 'resposta' de 359.784. A multiplicação é governada por regras muito rigorosas nas quais a calculadora pode ser programada para executar: se ela estiver funcionando bem, a 'resposta' que é 'oferecida' será garantida como correta. No entanto, literalmente, a calculadora não fez nenhum cálculo: um cálculo legítimo envolve a *compreensão* das regras e *aplicá-las* de acordo. Por esse motivo, um teste que se baseasse inteiramente em respostas não nos possibilitaria decidir se computadores (programados) podem pensar. Possuir uma 'mente' não é uma questão de ser capaz de oferecer respostas corretas a perguntas (mesmo que seja possível falar de respostas 'corretas'), mas uma questão de possuir algum entendimento sobre o que está se dizendo.

No entanto, por que não poderíamos, conforme questionaram alguns críticos de Searle dentro da comunidade IA, construir (no futuro, talvez) algo que poderia ser descrito como um computador, mas não programado simplesmente para seguir certas regras sintáticas – uma máquina que poderia obter algum tipo de entendimento sobre o significado? Afinal de contas, Searle, ele mesmo, admite que os cérebros humanos são máquinas e computadores que podem pensar (e compreender). Suponhamos então, dizem os críticos, que fosse possível que um dia soubéssemos o suficiente sobre o cérebro para explicar o que se passa no de um locutor cuja língua materna fosse o chinês ao questioná-lo, por exemplo, 'Quanto é 789 multiplicado por 456?`, vê-lo passar por todos os procedimentos que aprendeu ao estudar sobre a multiplicação, e responder (em chinês) '359,784'. Certamente que poderíamos, então, construir um computador que executasse os mesmos processos neurais quando as mesmas perguntas fossem aplicadas e oferecesse a mesma resposta (enunciada em chinês). Esse computador não acabara de executar a mesma soma, assim como aquela mulher chinesa? (E, similarmente, presume-se, com questões do tipo 'Os telefones celulares são uma coisa boa?' e respostas do tipo 'Sim, pois eles facilitam nossa comunicação com nossos amigos' ou 'Não, pois eles são um problema quando utilizados em lugares públicos'.)

Nesse caso, Searle concorda que seria sensato dizer que o computador poderia pensar: mas isto nada tem a ver com copiar processos neurais de um ser humano locutor de chinês, cujo comportamento observável pareceria não se distinguir daquele de um ser humano. Isso não seria o suficiente para apoiar as postulações da IA Forte: afinal de contas, conforme dito acima, Searle acredita que os defensores da IA Forte acreditam que pensar é meramente solicitar um programa, e o comportamento deste computador nos daria fundamentos, se não soubéssemos o contrário disso, para dizer que *não* estava meramente seguindo tal programa. Em outras palavras, Searle não está empenhado em dizer que os cérebros que pensam devem ser compostos de neurônios, axiomas, dendritos e sinapses como os nossos, em vez de *chips* de silicone e fiações. Tudo que ele deseja dizer é que, para se qualificar como capaz de pensamento, como possuindo uma mente, deve-se ser capaz de fazer mais do que seguir regras sintáticas.

Mesmo assim, um defensor da IA Forte poderia dizer que isto é uma caricatura das postulações cujos membros daquele movimento desejam fazer. Por que sua afirmação deveria ser a *única* atribuída a eles por Searle? Por que o pensar pode tão somente ser algo de misterioso executado apenas pelos seres humanos e não algo que pudesse, por exemplo, ser executado por um mecanismo construído? Talvez a geração atual de computadores que simplesmente executam programas não possuem mentes: mas isso não é uma razão, em principio, para negar que a nova geração de mecanismos construídos por humanos, provavelmente de um tipo radicalmente diferente e talvez modelado sobre a mente humana, pudesse operar praticamente da mesma forma que nós e pudesse obter uma 'compreensão semântica' similar à nossa. Enquanto admitirmos, como o próprio Searle o faz, que o cérebro humano é um computador que pensa, isso, então, demonstra que não há nada misterioso sobre o pensamento. Se alguém desejasse simplesmente ser filosófico a respeito das coisas, diria que ele é simplesmente o resultado de certos processos cerebrais que, pela sua própria reprodução, poderiam existir.

Sob certos aspectos, o próprio Searle expôs-se a esse tipo de ataque, ao admitir que nossos cérebros são máquinas e que nossos cérebros pensam. Essa afirmação necessita uma análise maior para que possamos descobrir a força que existe no argumento da IA Forte. Primeiramente, é preciso questionar se nossos cérebros são máquinas. O termo 'máquinas' não é fácil de definir: normalmente, ele se refere a mecanismos construídos pelos seres humanos para executar certas tarefas e, fica claro que, nesse sentido, o cérebro não é uma máquina. O que presumivelmente significa, chamarmos o cérebro de máquina, é que suas operações são governadas pelas mesmas leis da física e da química que governam as operações de máquinas no sentido comum. E parece ser verdade dizer que, de algum modo, os cérebros humanos são máquinas em um sentido metafórico. No entanto, apenas porque isso é uma metáfora, seria errado extrair conclusões generalizadas sobre se as 'máquinas' pensam a partir de algum estado especial do cérebro. Isso nos leva à segunda pergunta: será que os cérebros *pensam*? Os cérebros certamente parecem ser necessários para o pensamento: um ser que não possuísse um cérebro e um cérebro de um tipo particular, não poderia pensar, mas isso até onde chega, hoje, nosso conhecimento científico. No entanto, repare que é o *ser dotado de um cérebro* que pensa e não o próprio cérebro. O pensamento não é um conjunto de processos cerebrais, mas uma atividade humana (e, talvez, uma atividade de outras espécies de animais também).

A forma como a última frase se encontra soa um tanto dogmática, mas é possível adiantar um argumento para apoiá-la. Devemos levar em consideração o que está envolvido na atividade do pensamento (e essa análise poderia ser estendida, com mudanças apropriadas, a outras formas de atividade mental como o sentimento, o anseio, o desejo, e a compreensão). Se alguém diz estar pensando sobre, por exemplo, a natureza do cérebro, ou sobre a possibilidade da IA, o que esse alguém está fazendo? Essencialmente, está considerando certas propostas que poderiam ser expressas em frases de uma linguagem em particular. Os pensamentos de Searle sobre a IA Forte, por exemplo, incluem propostas como 'Eu não compreendo o chinês simplesmente na base da execução de um programa de computador para entender o chinês' (expresso, aqui, em português). Searle não poderia ter feito essas reflexões, a menos que compreendesse o que significavam as palavras utilizadas na sua expressão. Podem existir pensamentos muito profundos para as palavras, mas a maioria dos pensamentos deve ser expressa em uma linguagem (e mesmo os pensamentos mais profundos distinguem-se apenas de sentimentos vagos, se uma aproximação lingüística ao conteúdo do pensamento for possível). Nesse sentido, o pensamento é o uso de uma linguagem.

O uso de uma linguagem, no entanto, obtém seu significado dos conceitos partilhados pela totalidade de uma comunidade lingüística. Neste ponto, deveríamos, uma vez mais, examinar o argumento de Wittgenstein contra a possibilidade de uma linguagem puramente privada, já referida várias vezes ao longo do livro. O uso de palavras com significado depende de certas regras que ditam o uso correto ou incorreto do termo em questão. Ao aprendermos o uso de uma palavra, aprendemos a seguir essas regras. Por exemplo, se alguém não sabe o que é um 'livro', nós o ensinamos, primeiramente, ao mostrar exemplos de livros e explicando, em cada caso, que isto é um 'livro'. Ele demonstra que compreendeu a palavra quando repetidamente identifica como livros coisas que também consideramos como tal e não identifica como 'livro' algo como uma caixa de chocolates que se parece bastante com os livros vistos por ela. Se fizer essa identificação equivocada, podemos corrigi-lo ao dizer, 'Não, isto não é um livro, apesar de que se parece um pouco como um deles – é uma caixa de chocolates. Os livros são coisas que você pode *ler* (ou algo do gênero).

Wittgenstein argumenta que, por essa razão, é impossível que exista uma linguagem puramente privada (isto é, não apenas um código privado que alguém pudesse, em princípio, decifrar, mas uma linguagem que apenas uma pessoa poderia, em princípio, compreender). Nessa linguagem as palavras não poderiam ser governadas por regras, pois não existiria a possibilidade de real correção por alguém que houvesse cometido um equívoco ao seguir as regras, então, não haveria algo que pudesse ser chamado de *equívoco* real. Em minha linguagem 'privada', a palavra 'livro' significaria justamente o que escolhi que significasse em qualquer ocasião – às vezes um livro, às vezes uma caixa de chocolates, às vezes uma piada e assim por diante. Em suma, as expressões na linguagem não teriam qualquer significado e, portanto, a referida 'linguagem' não seria uma linguagem.

De que forma isso é relevante para o pensamento? Se o pensamento envolve considerar propostas com significado, então possuir um pensamento não pode ser simplesmente uma questão de algo que está se passando dentro do indivíduo privadamente, seja esse algo processos na alma ou processos cerebrais. Conforme mencionado anteriormente, parece relativamente confirmado, cientificamente, que os processos cerebrais devem acontecer para que possamos ter um pensamento: mas não são suficientes. Além disso, é preciso compreender os significados das palavras utilizadas e pelas quais nossos pensamentos se exprimem. Essa compreensão, por sua vez, não pode ser identificada com certos processos cerebrais, pois exige interações com outros seres humanos no mundo exterior a nossos cérebros. Simplificando, é preciso *aprender* o que as palavras significam e o processo de aprendizado exige o nosso uso para ser corrigido por outros. Os significados que aprendemos são, nesse sentido, *compartilhados* com outros dentro de nossa comunidade lingüística como parte de certas atividades intencionais existentes nessa comunidade. Podemos entender o pensamento de Searle não porque seja possível olhar dentro de seu cérebro para ver quais os neurônios que estão sendo ativados enquanto ele pensa, mas porque também sabemos o que significa 'executar um programa de computador', 'compreender a língua chinesa', e todo o resto. Nós os compreendemos porque, como seres humanos, fazemos parte de uma comunidade que utiliza essas expressões para seguir certas atividades com certos propósitos. Esses propósitos não necessariamente são os nossos, mas podem nos ser explicados, pois estão relacionados a propósitos que possuímos – executar programas de computador, por exemplo, pode ser explicado mesmo às pessoas que não são especialistas em computadores, ao relacioná-los com propósitos como calcular, escrever textos, e assim por diante, que já lhes são familiares. No entanto, se não dividíssemos propósitos relevantes, mesmo nessa forma indireta, não poderíamos começar a compreender a atividade, ou as palavras utilizadas como parte dessa atividade. E somos *nós*, seres humanos completos, não nossos cérebros em si, que participamos da atividade e possuímos um propósito.

Essa é a razão real pela qual as máquinas (e, de fato, os cérebros em si) não podem pensar. As máquinas podem, diz Searle, seguir regras sintáticas: elas podem ordenar símbolos de formas particularmente aceitas. No entanto, são incapazes de semântica, não por causa dos materiais com os quais são compostas, mas porque não participam da sociedade, com atividades compartilhadas seguidas de um propósito. Elas não fazem isso, pois não possuem um propósito próprio. Conforme já dito, as máquinas são, no sentido comum, mecanismos construídos pelos seres humanos para auxiliá-los no alcance de *seus* objetivos: um computador, por exemplo, é um mecanismo construído por pessoas para auxiliá-las no cálculo, no programa de digitação, nos jogos, e como uma espécie de anfitrião para outros propósitos humanos. A máquina não calcula: manipula símbolos conforme regras pré-estabelecidas de tal forma que o usuário humano possa interpretar o resultado como uma solução ao problema matemático relacionado a ele (mas não ao computador, que não está relacionado a nada).

Diferentemente das máquinas utilizadas por elas, as pessoas possuem propósitos próprios. Algumas dessas máquinas são necessárias a elas como seres humanos: assim como elas precisam, por exemplo, de um propósito para encontrar comida para comer, ou procurar abrigo que as proteja dos fenômenos atmosféricos e, talvez, procurar um companheiro com quem possam reproduzir-se. Nesse sentido, essas são necessidades *biológicas* e os propósitos que daí resultam e, deste último, pode-se dizer que é 'inato', parte da sua própria natureza como um organismo biológico. Outros propósitos são menos obviamente biológicos. A maioria dos seres humanos, por exemplo, possui a intenção de fazer relacionamentos, como a amizade com outros seres humanos, que, por sua vez, estão obviamente relacionados à necessidade de se manter vivo ou de reproduzir a espécie: a forma particular assumida por esses relacionamentos parece ser, de fato, determinada bem mais pela cultura do que pela biologia. Não obstante, os seres humanos podem ter tais propósitos, ou possuir uma cultura apenas porque são criaturas biológicas – seres humanos que agem de certas maneiras e podem, portanto, engajar-se em atividades em comum com outros membros da mesma espécie. Baseado nisso, seria possível argumentar que o pensar e a mente, em geral, podem pertencer apenas às criaturas biológicas, pois, somente em seu caso, conforme argumentado anteriormente, é possível existir propósitos intrínsecos à existência do ser em questão e, logo, conferir um significado baseado em objetos e em seu ambiente.

No entanto, o que dizer quanto à idéia de que talvez pudéssemos um dia construir máquinas modeladas no cérebro humano. Será que tais máquinas poderiam ao menos pensar? Isso dependeria, se o argumento acima estiver correto, se as máquinas em questão fossem modeladas, não apenas baseadas no cérebro, mas no organismo humano como um todo: apenas, então, seria possível dizer que as máquinas possuem propósitos próprios e, portanto, interagem de maneira sociável com os seres humanos ou com outras máquinas. Parece não haver nenhuma impossibilidade lógica sobre a idéia de construir coisas vivas nesse sentido, provenientes de materiais que não sejam pele e sangue. No entanto, conforme já foi dito, ser uma máquina no sentido relevante não significa estar relacionado a materiais com os quais algo é construído, mas ao uso da coisa em questão para propósitos que não sejam dela própria. Nesse sentido, essas não seriam máquinas, seriam construções artificiais, logo, sua inteligência seria uma IA. A possibilidade de tais formas de IA podem, sob certo ponto de vista, ser uma preocupação social: mas isso não provaria que as máquinas pudessem pensar.

Tudo isso nos leva de volta à argumentação de Merleau-Ponty, em que a subjetividade é essencialmente incorporada a nós mesmos, e que somos, conforme expresso algumas vezes, 'subjetividades-em-um-corpo' ou 'subjetividades incorporadas'. Isso significa que, ser um sujeito ou possuir uma mente, não pode ser separado daquilo que significa ser um ser humano. No entanto, igualmente, ser um ser humano do nosso tipo significa possuir uma mente: a biologia humana deve ser compreendida, ao menos em parte, como intencional e subjetiva, pois nossos corpos são criaturas que podem relacionar-se ao mundo dessas formas. Eis porque o cérebro não é uma máquina. Não é um mecanismo pelo qual o ser humano alcança seu objetivo, e muito menos algo que leva o ser humano a agir de certas maneiras. Em vez disso, ele é uma parte essencial do ser humano e seus funcionamentos fazem parte da forma como o ser humano se relaciona com o mundo e atinge suas aspirações.

5

Outras mentes

I

Estou conversando com um amigo. Conto a ele uma piada que acabei de ouvir e ele sorri abertamente: uma das coisas que nos une como amigos é um senso de humor em comum. Então, ele fala o quanto ficou enojado com a forma em que um colega havia sido tratado e eu concordei com ele. Falamos sobre nossos planos para uma reunião que estamos organizando, e tanto eu quanto ele, sugerimos alguns preparativos. Finalmente, nos despedimos e marcamos um horário para nos encontrarmos, novamente, no dia seguinte.

Esse tipo de conversação é uma característica muito normal da vida humana. Ele depende, é claro, que cada um dos componentes compreenda o que o outro está dizendo: meu amigo, pelo seu sorriso, demonstra que entendeu o objetivo da piada e, assim como eu, a considerou engraçada. Minha concordância quanto ao que ele disse sobre o tratamento dado ao seu colega, por sua vez, demonstra que sei como ele se sente e que compartilho seus sentimentos. Nossa discussão sobre os planos para a reunião é, claramente, apenas possível se compreendermos as sugestões de cada um. Em todas essas formas, 'conhecemos a mente do outro' e, se não o fizéssemos, dificilmente poderíamos falar sobre algo como isso. Como isso é possível? Conforme visto em um capítulo anterior, cada pessoa é um sujeito diferente: seu senso de humor, seu sentimento de nojo, suas idéias sobre a reunião que não são as minhas, e vice-versa. Para que possamos comunicar nossos pensamentos e sentimentos ao outro, devemos expressá-los de alguma forma aparente, perceptível ao outro: da mesma forma que seu sorriso expressa sua diversão, suas palavras, talvez sua linguagem corporal, expressa seus sentimentos de aborrecimento. Seria talvez melhor dizer, não que 'conhecemos' a mente do outro, mas sim que fazemos *suposições bem informadas* sobre o que o outro está pensando e sentindo, baseados nessas expressões externas? Isto seria como basear uma hipótese científica sobre a evidência proporcionada pelas expressões: de fato, os psicólogos freqüentemente discutem sobre a grande maioria de nós possuirmos uma 'teoria da mente' codificada no cérebro e que nos permite decifrar os pensamentos e os sentimentos de outras pessoas. Às vezes, certamente, parece um trabalho por suposições quando lidamos com alguém que não conhecemos bem, principalmente se essa pessoa pertence a uma cultura diferente. Talvez pareça mais certo quando lidamos com pessoas que nos são mais familiares, pois nossa experiência com elas nos auxilia a compreender os sinais mais rapidamente.

Certamente, isto é o que alguém pensaria se aceitasse o dualismo cartesiano. Para Descartes, como vimos, a mente e o corpo são substâncias separadas e independentes. O que acontece na mente é, portanto, diferente de qualquer coisa que aconteça no corpo. Portanto, meus pensamentos e sentimentos são necessariamente distintos das palavras faladas, dos gestos faciais e físicos que os expressam, e assim por diante. Possuo acesso direto e imediato aos meus pensamentos e sentimentos – eles estão 'dentro' de mim: mas os outros devem inferir o que estou pensando e sentindo por meio de minhas expressões aparentes, assim como o faço em relação a eles. Portanto, saber o que outra pessoa está pensando ou sentindo é sempre uma questão de inferência: escuto as palavras de meu amigo dizendo, talvez, 'Vamos tomar algo na sexta-feira que vem?' – ou, em vez disso, escuto sons sendo emitidos pela boca de meu amigo que se parecem aos sons que eu deveria emitir, se quisesse expressar esse significado. Logo, tenho que inferir que ele atribui o mesmo significado a essas palavras assim como eu o faria. Talvez em sua situação, eu pudesse fazer essa inferência muito rapidamente para que não soasse tanto como uma inferência: se ele fosse um visitante estrangeiro que dissesse essas palavras em uma língua que não me fosse muito familiar, e sobre a qual eu tivesse pouco conhecimento, talvez fosse mais óbvio que eu estivesse envolvido em uma inferência.

Essa situação é um tanto parecida com aquela na qual estou dirigindo à noite e vejo uma luz brilhante vindo por cima do alto de um morro, à minha frente. Deduzo que essas luzes sejam os faróis de um carro que se aproxima. Posso, é claro, estar enganado: ao dirigir mais adiante, vejo que a luz está, de fato, vindo de um holofote do jardim de alguém que se encontra à beira da estrada. Se alguém faz uma dedução, essa dedução pode ser feita de maneira *errônea*: talvez, como neste caso, a evidência não é o suficiente para justificar a conclusão à qual cheguei. No entanto, mais importante é que ela pode ser possível, ao menos em princípio, para que a pessoa que a esteja inferindo descubra o erro ao desvendar a evidência contra a conclusão (como o faço neste exemplo – vejo a fonte real da luz). Se conhecer a mente de alguém significa fazer o mesmo tipo de inferência recém mencionada, então, coisas semelhantes poderiam ser ditas a seu respeito. Em primeiro lugar, é possível que a inferência esteja equivocada. Esse poderia, certamente, ser o caso: eu seria capaz de interpretar a expressão facial de meu amigo como uma indicação de que ele se divertiu com minha piada, em que, na verdade, o que parecia um sorriso de diversão poderia ser uma simulação. Ele poderia estar realmente sorrindo para ser educado e disfarçar a sua irritação para com minhas fracas tentativas de humor. No entanto, deveríamos questionar se, sendo este o caso, como descobrir o erro cometido por mim. Se não tivermos feito nenhuma filosofia e, mais especificamente, se não lemos nada escrito por Descartes ou por alguém na sua linha de pensamento, deveríamos ao menos dizer que isso simplesmente é possível, ao observar seu comportamento subseqüente. Se seu sorriso pareceu um pouco forçado, eu poderia suspeitar que ele não teria achado a piada tão boa assim. Se, mais tarde, ele sorrisse menos e demonstrasse uma irritação maior do que antes, quando fiz o comentário que julguei ser engraçado, poderia ficar cada vez mais claro que nós não mais partilhamos do mesmo senso de humor.

No entanto, um dualista não poderia admitir que isso fosse uma maneira de descobrir equívocos de como 'lemos' as mentes de outras pessoas. Seguramente, o dualista pode aceitar que possamos estar equivocados em nossas inferências: o que meu amigo está pensando é uma questão efetiva, logo, qualquer postulação feita por mim pode ser tanto falsa quanto verdadeira. No entanto, o que os dualistas não concordariam, de acordo com sua teoria, é o fato de que poderíamos descobrir nossos equívocos ao observarmos comportamentos futuros. De qualquer forma, como isso poderia ser evidente se as expressões comportamentais são coisas completamente diferentes dos pensamentos e sentimentos? O comportamento futuro pode tão somente ser uma evidência para o comportamento futuro, e não encontramos maior suporte nisso para a nossa hipótese quanto ao presente estado mental de meu amigo do que aquele que podemos encontrar no seu comportamento presente. Para o cartesiano, todo o problema das 'outras mentes' (para dar a ele sua designação tradicional), é que *nenhum* comportamento observável é, ou pode ser, qualquer tipo de evidência para aquilo que está acontecendo na mente de alguém, visto que o que acontece na mente de outra pessoa é acessível apenas àquela pessoa.

Isso é desconfortável para o dualista, pois implica que ninguém mais poderá realmente *saber* o que alguém está pensando ou sentindo: eles podem fazer, no máximo, uma suposição sem fundamentação e sobre a qual não possuem meios de verificação. Alguns cartesianos procuraram evitar este desconforto ao dizer que é possível argumentar aqui 'por analogia'. De uma maneira geral, esse 'argumento baseado na analogia' funciona da seguinte forma: sei que, em meu próprio caso, quando sorrio dessa maneira significa que estou me divertindo. Ele está sorrindo dessa maneira, portanto, por analogia com meu próprio caso, posso inferir que ele está se divertindo. No entanto, existem vários problemas com esse tipo de argumentação analógica. Alguns são imediatamente óbvios: por exemplo, sei também que, baseado em meu próprio caso, nem sempre expresso diversão quando sorrio desse modo, pois também sou capaz de sorrir simuladamente. Existe também uma pergunta sobre o que exatamente significa falar de alguém sorrindo 'dessa maneira': isto simplesmente significaria configurar a boca e o rosto de alguém nesse padrão – mas, neste caso, será que permitiríamos as diferentes maneiras em que as pessoas sorriem? Ou será que isso significa sorrir um sorriso de *diversão*, caso no qual podemos reconhecer o sorriso de alguém como sendo um 'desta maneira', apenas quando já inferimos corretamente o que se passa em sua mente, o que é redundante de um modo viciado?

No entanto, a objeção mais óbvia quanto à argumentação por analogia é que, se Descartes estiver correto, não possuímos justificativa para inferir a analogia. Como sei que a conexão entre sentir-me divertido e sorrir, que é o que ocorre em meu caso, também acontece no caso de meu amigo ou de outra pessoa? Não possuo evidência *independente* para isso, da mesma forma que a possuo em casos mais padronizados de inferência. No exemplo da direção, faço minha inferência com confiança, pois conheço muitos outros casos em que uma luz que aparecia no alto de um morro pertencia aos faróis de um veículo que se aproximava. O padrão está bem estabelecido e foi confirmado por observação subseqüente. No exemplo, minha inferência fora *vetada* pela evidência contrária, porém por uma evidência da mesma espécie. Nada disso se mantém para o caso de outras mentes. De acordo com o dualista, eu nunca poderia penetrar na mente de alguém para verificar se a conexão entre o sorriso e a diversão acontece lá, da mesma forma como em meu próprio caso ou para verificar se a minha inferência estava correta sobre essa instância particular. Isto é quase como alguém que teve apenas uma experiência de ver os faróis de um carro que se aproxima vindo da direção de um morro, que vê uma luz sobre o alto de um morro e infere que isso é causado por um carro que se aproxima, mas nunca teve a oportunidade de testar sua inferência (talvez ele próprio pare o carro no acostamento antes de alcançar o alto do morro).

É possível pensar que o materialismo, e em particular o behaviorismo, pudesse evitar esse problema, já que rejeita a idéia de que a mente é uma substância inobservável e não-física. No entanto, as várias formas de materialismo enfrentam um diferente tipo de problema. O comportamento aparente de outra pessoa, no que se refere aos simples movimentos físicos de seus corpos, é certamente tão observável quanto o meu próprio corpo: mas, conforme fora argumentado anteriormente, não deve ser equiparado com pensamentos, sentimentos, sensações e assim por diante, pois isso não nos auxiliará a conhecer melhor a 'mente' da outra pessoa. Pelo mesmo motivo, o fato de que podemos (com o auxílio de instrumentos) observar os processos cerebrais de outras pessoas, não nos ajudará a conhecer melhor seus pensamentos e sentimentos se, conforme argumentado anteriormente, os processos cerebrais e pensamentos, etc., não puderem ser identificados entre eles. Todas as formas de materialismo possuem dificuldades com a subjetividade da vida mental e é essa subjetividade que cria o problema do conhecimento de outras mentes.

II

Então, se Descartes estiver correto, nunca será possível ter certeza de que tenha lido corretamente a mente de outra pessoa baseado no comportamento aparente da mesma. No entanto, existe uma outra conseqüência muito mais séria. Podemos ter certeza de que *nós* temos mentes, pois o método da dúvida de Descartes demonstrou que a única coisa da qual não se pode duvidar é de que nós próprios existimos como coisas pensantes. Mas, como alguém pode ter certeza de que outras pessoas realmente *possuem* mentes? Afinal de contas, para estar *racionalmente* certo de alguma coisa, precisamos de uma melhor evidência daquela que possuímos neste caso. Mesmo com toda essa evidência, elas podem ser simplesmente autômatos entediantes programados para produzir comportamentos que meramente simulam comportamentos atentos – assim como um papagaio produz sons semelhantes à fala humana significativa, mas sem a intenção de dizer qualquer coisa que tenha sentido. Então, apesar de que possamos *adivinhar* que existem outras mentes e apesar de que possa ser conveniente, por motivos práticos, de proceder como se as possuíssem, se quisermos falar sobre realmente *conhecer* algo no sentido rígido, talvez cada um de nós devesse dizer 'Eu poderia ser o único ser consciente, o único ser com uma mente, em todo o universo'. Essa é uma versão da doutrina filosófica chamada 'solipsismo' (do latim *solus ipse*, significando 'um ser sozinho'). Repare que isso não é apenas a afirmação de que eu possa ser o único ser consciente que exista, o que pode ser empiricamente verdadeiro – por exemplo, após um terrível desastre que eliminou toda a vida humana exceto a minha. Ao invés disso, o solipsista está dizendo que mesmo a existência *aparente* de outros seres conscientes pode ser uma ilusão. Existe ainda uma versão mais radical do solipsismo, igualmente uma conseqüência do dualismo cartesiano, que mantém que *absolutamente nada* poderia existir exceto eu mesmo, uma vez que a única evidência que possuo para a existência de qualquer coisa além de minha própria consciência são as idéias de coisas que possuo em minha mente. Para nossos propósitos, no entanto, discutiremos, principalmente, sobre o solipsismo enquanto ele afeta outras mentes, visto que este é o tema mais importante deste livro.

A idéia de que eu pudesse estar sozinho no universo, e que outras pessoas, incluindo aquelas a quem mais amo, fossem apenas robôs ou zumbis programados de tal forma que sou levado a acreditar que são pessoas assim como eu, é profundamente perturbador. É também, claro, literalmente, uma loucura – é uma marca de algumas formas severas de transtornos mentais que causam a vítima a pensar nestes termos. No que diz respeito aos propósitos cotidianos práticos e, além disso, precisamos continuar na hipótese de que outras pessoas são pessoas como nós, com pensamentos e sentimentos que podem, ao menos, nos comunicar, mesmo se não concordamos com eles, no sentido de possuirmos os mesmos pensamentos e sentimentos. Essa postulação funciona razoavelmente bem a maior parte do tempo, apesar de existirem ocasiões em que nos desapontam. Eu mesmo me recordo de uma ocasião em que estava visitando o museu de cera de Edimburgo e fui conversar com alguém que parecia ser um empregado que estava em pé na escada e acabei descobrindo que também era apenas um boneco de cera. No entanto, esse tipo de equívoco simplesmente reforça o ponto: eu *realmente* descobri, para a minha vergonha, que estava equivocado e descobri isso muito rápido e facilmente. Então, por que não deixar o solipsismo de lado como uma outra idéia filosófica tola, o produto de muito tempo perdido em pensamento abstrato sobre estudos exaltados?

Por motivos práticos, é claro, podemos e devemos deixá-lo de lado. No entanto, será que vale a pena dedicar alguma atenção à doutrina de um livro como este, visto que, as análises dos argumentos contra ele (o solipsismo) podem nos ajudar a compreender como os filósofos poderiam ter se envolvido nesta confusão e, por outro lado, podem revelar algo mais sobre a idéia de 'possuir uma mente' e sobre as maneiras de como adquirimos o conhecimento de outras mentes. Em primeiro lugar, precisamos verificar como surge o problema – por que, afinal de contas, existe uma dificuldade sobre as 'outras mentes'. Um ponto crucial sobre a mente, conforme vimos, é a *subjetividade*. Cada pessoa possui sua própria mente: ou, colocando de outra forma, cada pessoa utiliza as palavras 'Eu' e 'meu' (pelo menos no discurso direto) em relação a ele ou ela própria. Quando digo 'Eu acho que vai chover', e você diz 'Sim, eu também acho', estamos expressando o mesmo pensamento em um sentido (o de que vai chover), mas, sob outra forma, cada um de nós está expressando um pensamento diferente (você o seu e eu o meu). 'Eu', 'meu' e 'minha', utilizados dessa forma, são freqüentemente denominadas de expressões 'espécime-reflexiva',[1] isto é, expressões que possuem uma referência diferente em contextos diferentes de uso.*

Não posso pensar seus pensamentos (no último sentido) e você não pode pensar os meus. Isto é, de certa forma, uma conseqüência da 'espécime-reflexiva' de palavras como 'Eu' e 'minha', mas é um tanto enganador dizer isso. A espécime-reflexiva, enquanto tal, reflete o fato de que meus pensamentos acontecem dentro de mim e os seus dentro de você, e que somos pessoas distintas. Utilizamos estas palavras dessa forma para marcar a distinção que existe na realidade. Essa separação não afeta, é claro, a possibilidade da minha compreensão e, talvez, até de minha concordância com seus pensamentos: mas compreender um pensamento não é o mesmo que pensá-lo. O ponto que está em causa aqui é ainda mais óbvio se levarmos em conta as emoções e as sensações. Se alguém está em grande angústia (talvez pela morte de alguém que era muito próximo), ou está sofrendo uma intensa dor física, posso ser compassivo com sua angústia ou com sua dor. Posso, inclusive, expressar minha solidariedade ao dizer 'Eu sinto sua dor'. Mas não consigo e não posso *literalmente* sentir a dor ou a angústia de outra pessoa da mesma forma que sinto a minha própria. O melhor que posso fazer é utilizar a minha imaginação para induzir o que acredito ser um sentimento similar dentro de mim mesmo. Isso poderia muito bem auxiliar a me solidarizar mais, mas não é o mesmo que sentir a dor da outra pessoa. Isso é apenas uma instância de algo com o qual temos familiaridade: a sensação de que possuímos, às vezes, quanto à impenetrabilidade da mente de outro – o que significa *realmente* ser você?

Há algo de trágico sobre isto, a sugestão da solidão essencial do indivíduo, de que somos, afinal de contas, isolados um do outro. Muitos poetas, romancistas e dramaturgos adotaram esse tema: por exemplo, a poetisa russa, Anna Akhmatova, fala em um de seus poemas sobre a barreira entre pessoas em que a amizade, ou até mesmo a paixão, não consegue penetrar. No entanto, é um fato inegável da vida, parte do que significa possuir uma mente. E é esse fato do isolamento de nós mesmos que oferece ao solipsismo a força que possui. No entanto, devemos, contra esse sentido de isolamento,

---

[1] N. de T. No original, *token-reflexive*.
* N. de R.T. Esta temática encontra-se explicitada em Simon Blackburn, *Dicionário Oxford de Filosofia*. Rio de Janeiro: Zahar, 1997. Referir-se aos verbetes: Ambigüidade tipo-espécime (p.11), Espécime-reflexiva (p. 123).

atacar com a intuição contrária que possuímos, ou seja, a de que a comunicação humana, por mais difícil que seja, é ao menos possível de vez em quando. Mesmo o simples fato de que podemos conversar com o outro sobre o sentimento de solidão – que podemos compreender onde Akhmatova quer chegar com seu poema – parece enfraquecer esse sentimento de isolamento.

Existem, então, quaisquer argumentos *contra* o solipsismo? Uma forma de abordar esse tópico é, novamente, derivada de Wittgenstein (apesar de outros filósofos seguirem uma linha muito similar). Wittgenstein conduz uma 'experiência-de-pensamento',* construindo uma situação hipotética que pode lançar alguma luz à natureza do problema. Suponha, diz ele, que cada um de nós carregasse sempre consigo um besouro dentro de uma caixa (para fazer este argumento funcionar, penso, precisamos assumir que os besouros não pudessem existir fora dessas caixas). Apenas a pessoa que possuísse uma caixa especial poderia olhar dentro dela e ver o seu besouro. Ninguém então, obviamente, teria condições de saber quais os conteúdos da caixa de qualquer outra pessoa: por tudo aquilo que sei, todas as outras caixas, além da minha, poderiam estar vazias. Essa é a analogia mais próxima à posição solipsista a respeito de pensamentos e sentimentos. No entanto, existe uma pergunta óbvia que é possível fazer sobre a história do 'besouro-na-caixa' que também pode ser levantada a respeito do solipsismo. Se não existe uma maneira pela qual eu possa comparar o que está dentro de minha caixa com o que se encontra na caixa de outra pessoa, e se não existe outra maneira de obter conhecimento sobre besouros, como saber se o que possuo se trata de um 'besouro'? Saber o que significa uma palavra significa saber como utilizá-la, como aplicá-la corretamente em certo número de casos: mas se apenas posso conhecer uma instância da expressão, então não posso saber como denominá-la *mesmo nessa única instância*. De modo similar, o solipsista que afirma conhecer pensamentos, sentimentos, sensações, etc., baseados em seu próprio caso, não pode nem saber que o que possui são 'pensamentos', 'sentimentos' e 'sensações', uma vez que não há nada com que compará-los. Se eu fosse o único ser consciente do universo, não poderia sequer expressar minha concepção, já que não saberia o que significa ser 'consciente'.

A analogia entre o solipsismo e o caso do besouro-na-caixa não é perfeita. Mesmo se eu não puder vivenciar os besouros, exceto neste único caso, eu ainda poderia dizer, baseado em minha vasta experiência, que existe *alguma coisa* dentro da minha caixa que pode não pertencer a mais ninguém, mesmo que eu não consiga especificá-la com maior precisão. No entanto, os pensamentos, os sentimentos e as sensações são considerados pelo solipsista como

---

*N. de R.T. Ver em Simon Blackburn, *Dicionário Oxford de Filosofia*. Rio de Janeiro: Zahar, verbete à p. 135: experiência de pensamento.

sendo um tipo especial de coisa com a qual alguém só *pode* obter conhecimento no seu próprio caso: não é permitido, portanto, que alguém atribua significado à vaga palavra 'alguma coisa' nessa situação. A essência do argumento é que, se não houver possibilidade, mesmo em princípio, pela qual eu possa saber que outras pessoas possuem mentes, então não há como saber se a possuo. A conseqüência final de procurar ser um solipsista não é a conclusão de que possa existir apenas uma mente no universo, mas que não existe mente no universo, nem mesmo a minha. (Estritamente, não seria sequer possível dizer *que*, já que se pressupõe que saibamos o que é uma 'mente' – e não poderíamos saber isso baseados unicamente em nosso próprio caso –, *o que* é isso que eu deveria possuir que nenhum outro ser possui?)

Existe uma outra maneira de colocar esse argumento anti-solipsista que é encontrada, por exemplo, em Merleau-Ponty. A única maneira em que eu poderia saber o que significa estar sozinho é saber o que significa *não* estar sozinho. Não ser capaz de se comunicar com outras pessoas, na visão terrível do poema de Akhmatova, possui apenas algum efeito sobre nós, porque sabemos o que significa nos comunicarmos com os outros, uma vez que fazemos isto todos os dias. Saber o que alguma coisa é, significa saber com o que ela pode ser diferenciada para que o solipsismo possa nos amedrontar, apenas como uma possibilidade, porque isto não acontece na realidade.

No entanto, todos esses argumentos parecem ser um pouco inventados. O solipsismo, conforme já dito, não é a doutrina de que, de fato, estamos sozinhos, mas que a *aparência* de não estar sozinho poderia ser uma ilusão. Em outras palavras, podemos ser capazes de nos referirmos às nossas próprias mentes porque *acreditamos* que seja possível compará-las às de outras pessoas, mas este pensamento poderia estar tragicamente equivocado. Pensamos e agimos como se não estivéssemos sozinhos no universo: mas talvez, diz o solipsista, estejamos enganando a nós mesmos quanto a isso. O que aterroriza sobre este pensamento, talvez, não seja tanto a idéia de estar sozinho, mas a idéia de viver em um mundo de ilusão – a idéia de que todos os relacionamentos que mais prezamos poderiam ser meras fantasias.

Não obstante, precisamos levar a sério esse ponto colocado por Merleau-Ponty: que, mesmo para fazer sentido de estar sozinho, precisamos ser capazes de compreender o que significa *não* estar sozinho. Poderíamos saber o que isso significa se não tivéssemos tido a experiência real da existência de outras pessoas possuindo mentes? Alguns poderiam argumentar que isso é possível: se pudermos, ao menos, *imaginar* como seria encontrar uma outra mente real, então poderíamos compreender o que significa estarmos sozinhos no universo. No entanto, o que significaria imaginar isso se não tivéssemos uma real experiência sobre a qual baseamos nossa imaginação? Parece fácil dizer isso, mas quando alguém procura desvendar o que significaria essa suposição, tudo parece desabar. Sabemos o que significa estar sozinho apenas porque possuímos experiências reais de nos relacionarmos com outras pessoas, ou ao menos, ver pessoas interagindo com outras. No entanto, o mundo solipsista seria um no qual não haveria nem a *possibilidade* de acontecer isso. Nesse sentido, o solipsismo parece ser não apenas falso, mas realmente inconcebível – em última instância, não podemos sequer compreender o que o solipsista procura dizer. (Talvez essa seja a razão pela qual consideramos as profissões de fé no solipsismo como um sintoma de transtorno mental.)

III

Se o solipsismo é inconcebível, precisamos retroceder um estágio e questionar como alguém poderia crer que ele fosse uma posição inteligível. Ele possui alguma plausibilidade, conforme dito anteriormente, a partir da condição de separação de outras mentes e da impossibilidade de que eu possua seus pensamentos e vice-versa. No entanto, mesmo dizer que outras mentes são separadas significa admitir que elas existem e, logo, inconsistente com o solipsismo como uma doutrina filosófica. No sentido restrito, o solipsismo surge quando alguém se refere à 'mente' como uma substância separada de um 'corpo', no estilo cartesiano. Eis para onde devemos procurar se quisermos desenraizar essa estranha planta do solipsismo. A propriedade mais relevante do dualismo é que ele separa o que é mental de suas expressões corpóreas. Para o dualista, uma coisa é ter um pensamento e outra coisa é expressar este pensamento mediante palavras; uma coisa para se divertir, outra para sorrir; uma coisa para sentir dor, outra para gritar; e assim por diante. É claro, essas coisas *são* separáveis: podemos ter pensamentos, sentimentos e sensações que não expressamos de um modo a ser percebido por outras pessoas. Uma pessoa solitária possui vários pensamentos que, de fato, nunca são colocados em palavras: uma pessoa severa pode se divertir sem sorrir; um estóico pode recusar a revelar sua dor para outros. Por outro lado, uma pessoa sem juízo pode fazer declarações sem pensar; um ator pode sorrir sem se divertir; e uma pessoa que precisa ser o cento das atenções poderia gritar de dor sem sentir as sensações pertinentes a ela. No entanto, existiria outro sentido em que nenhum hiato é possível entre o que acontece em nossas mentes e nossas expressões externas – ou seja, um sentido que enfraqueceria o solipsismo?

Além da já referida experiência-de-pensamento de Wittgenstein sobre o besouro na caixa, algumas outras críticas já foram feitas ao solipsismo. No entanto, ele pode sugerir uma maneira em que é possível dizer que existe uma ligação imprescindível entre o mental e sua expressão física. (Aqui são relevantes a concepção de subjetividade de Merleau-Ponty, e algumas das discussões dessa concepção no Capítulo 3, como pontos essencialmente incorporados na mesma direção.) Inicialmente, vamos levar em conta o caso relativamente simples de sentir dor. A dor é, certamente, algo que alguém sente 'dentro' de si: é uma sensação. Outras pessoas não podem, literalmente, ver a minha dor da mesma maneira como podem ver a lesão que ela pode estar causando. Mesmo se os instrumentos do neurologista pudessem revelar que os nervos apropriados estão sendo ativados, essa pessoa ainda não estaria vendo minha dor (em alguns casos, meus nervos podem estar sendo ativados dessa maneira quando, de fato, não estou sentindo dor alguma, por exemplo, porque estou tão distraído por outras sensações, ou se possuo grande resistência à dor). Da mesma forma, se estou sentindo dor, necessariamente *sei* que estou sentindo, sem nenhuma necessidade de observar meu comportamento: sentir dor significa tão somente saber que alguém sente dor. Posso estar equivocado quanto à *causa* de minha dor – ao pensar, por exemplo, que ela apresenta alguma causa orgânica quando, na realidade, não a possui. No entanto, o fato de que estou sentindo dor parece ser algo a respeito do que não posso estar equivocado.

Mesmo assim (e aqui é onde entra Wittgenstein), devemos questionar como eu sei o que significa 'estar sentindo dor'. Eu aprendi isso ao possuir essa sensação interna e identificando-a como uma 'dor'? No entanto, a 'dor' é uma palavra que existe em uma linguagem comum: eu só poderia saber se o que estou sentindo é dor, se soubesse do que se tratava quando as pessoas estavam falando a respeito e diziam, por exemplo, 'Sinto uma dor terrível em meu pulso'? E como eu poderia saber isso se a dor fosse *apenas* uma sensação interna em que ninguém, exceto a pessoa que a estivesse sentindo, teria acesso a ela? Para saber se estou sentindo dor, devo saber que 'dor' é a palavra para esse tipo particular de sensação que sinto quando, por exemplo, corto meu dedo. Saber isso significa ser capaz de utilizar a palavra corretamente: alguém que dissesse a seu médico que sentia uma dor de cabeça quando, de fato, estava se sentindo, por exemplo, estranhamente eufórico, estaria dizendo algo falso, da mesma forma que alguém que dissesse estar vendo uma rosa quando, de fato, estava vendo um dente-de-leão. Se não existe nenhum sentido em falar sobre o uso 'correto' e 'incorreto' de uma expressão como 'dor', então a expressão não possui um sentido real – ela pode significar qualquer coisa que o locutor quiser, e isso é a mesma coisa que significar nada. (Temos aqui novamente o argumento contra o uso puramente privado de uma linguagem.)

No caso da rosa e do dente-de-leão, é possível pedir aos outros que corrijam seus usos equivocados. Alguém que possua maior conhecimento de flores do que o locutor pode dizer 'Não, aquilo não é uma rosa, aquilo é um dente-de-leão': se o locutor considerar essa correção como correta, ele provavelmente não cometerá mais esse erro no futuro. No entanto, no caso da dor, como essa correção pode ser possível? Simplesmente porque a palavra não é utilizada somente para se referir a alguma sensação interna privada, mas é utilizada em um contexto publicamente observável. A dor é o que tipicamente sentimos quando nos lesionamos de alguma forma e quando possuímos uma tendência espontânea a gritar e a nos comportarmos de outras maneiras características (expressões faciais, agarrar a parte afetada do corpo, contorcer-se de um lado para outro, e assim por diante): na primeira infância, quando a maioria de nós aprende a falar sobre a dor, essa será uma tendência que é sempre, ou quase sempre, manifestada em um comportamento real. A dor também é algo que naturalmente causa a simpatia de outros seres humanos, ou pelo menos daqueles que nos são próximos. Então, uma criança pode muito bem aprender o conceito da dor ao gritar instintivamente quando possui a sensação pertinente e recebe a compreensão dos pais, que pode muito bem ser expressa, em parte, ao utilizar a palavra 'dor' ou algum equivalente. Mais tarde, ela pode adicionar as palavras, 'Sinto uma dor', ao choro, ou até mesmo substituir o primeiro pelo último. Se as circunstâncias do ambiente e as conseqüências não parecem ser apropriadas, o uso da palavra pela criança pode ser corrigido. Se, por exemplo, a criança está sorrindo abertamente e brinca de maneira tranqüila quando diz estar sentindo uma dor e, principalmente, se não estão em evidência as conseqüências comuns de sentir dor, um adulto pode dizer 'Você não está sentindo nenhuma dor: você está muito contente, acho que está fingindo'.

Uma vez que a criança tenha compreendido o conceito de dor dessa forma, encontra-se em posição de utilizá-lo de maneira que separe a expressão aparente da sensação. Ela pode engajar-se em um faz de conta – chorar quando não possui a sensação; e possuir a sensação, mas aprender a não exprimi-la. Nenhuma dessas possibilidades implica, de forma alguma, que não exista uma conexão natural entre a dor e suas expressões aparentes. Podemos acreditar no faz-de-conta apenas porque chorar é tipicamente uma expressão de dor; e nos sentimos incomodados quando o faz-de-conta é deliberadamente utilizado para provocar nossas simpatias, pois a pessoa está utilizando a associação natural com certas formas de expressão para nos enganar. Por outro lado, o estoicismo é visto como algo admirável, pois o estóico está exercendo autocontrole, inibindo as expressões naturais de dor, presumivelmente por algum motivo respeitável como, poupar os outros da necessidade de sentir compaixão.

O resultado disso é que não podemos, em última análise, separar a sensação de dor de, pelo menos, a possibilidade de expressá-la de alguma forma publicamente acessível, seja por meio de expressões naturais como gritar e se contorcer, ou por meios da linguagem verbal, mais precisamente pelo uso da palavra 'dor'. Certamente, ninguém poderia sentir dor se não tivesse sensações de um tipo apropriado a elas; mas, igualmente, ninguém poderia sentir dor a menos que pudessem expressá-la de alguma maneira apropriada e publicamente inteligível: no máximo, é possível dizer que se tem algum tipo de sensação indeterminada que não seria nem a de dor ou a de euforia ou mesmo de qualquer outro tipo identificável. Nesse sentido, sentir dor é uma experiência essencialmente comunicável, tanto social quanto individual.

Isso se torna mais óbvio quando consideramos estados mentais mais complexos como ter um pensamento ou um sentimento. Aqui entra a intencionalidade. Não é possível, conforme argumentado em um capítulo anterior, possuir um pensamento ou um sentimento que não seja *sobre* alguma coisa. Para que seja possível especificar os pensamentos ou sentimentos que alguém está tendo, não é suficiente especificar o que está acontecendo 'dentro' dele (seja metaforicamente em sua alma cartesiana ou, literalmente, em seu cérebro materialista): é preciso, também, especificar a relação que eles possuem frente a alguma coisa ou a alguém que lhes é exterior. O pensamento de alguém, por exemplo, poderia ser sobre Descartes e isso seria um pensamento diferente daquele sobre Aristóteles, mesmo se (o que é possível) os processos cerebrais envolvidos nos dois pensamentos fossem idênticos – os mesmos neurônios estariam sendo ativados da mesma forma. Além disso, é possível especificar que são pensamentos diferentes sem saber nada sobre processos cerebrais. Similarmente, sentir raiva do marginal da escola é um sentimento diferente do sentir raiva de seu melhor amigo que o decepcionou, mesmo que, provavelmente, a bioquímica da raiva seja a mesma para ambos os casos. Novamente, é possível distinguir um sentimento do outro sem saber nada sobre bioquímica.

No caso dos sentimentos existe um elemento adicional. Um sentimento de raiva se difere, obviamente, de um sentimento de medo: aqui, a bioquímica dos dois sentimentos é certamente diferente, mas podemos distinguir um sentimento do outro, novamente, sem qualquer conhecimento da bioquímica. Neste caso, os distinguimos, não tanto pela diferenciação de seus objetos (podemos, afinal de contas, sentir raiva de e ter medo da mesma coisa ou pessoa – do marginal na escola, por exemplo), mas pela relação em que nos encontramos frente ao objeto de nossas emoções. Sentir raiva do marginal da escola significa sentir agressividade contra ele, de querer machucá-lo; sentir medo dele significa querer evitar uma ação, de ficar fora do seu alcance, se possível. Portanto, sentimentos diferentes possuem expressões naturais diferentes em nosso comportamento. Os dois sentimentos, portanto, são distintos, não apenas devido àquilo que se passa em nosso interior, mas, também, pela diferença de nossa relação com alguém ou com alguma coisa externa a nós, tipicamente (mas nem sempre) expressa em um comportamento.

Em situações como essa, possuir um pensamento ou um sentimento específico não pode ser definido simplesmente em termos do que acontece em nosso interior, mas também deve dizer respeito ao nosso relacionamento com objetos exteriores a nós, expressos pelas maneiras de nossos comportamentos em relação a eles. Colocando de outra maneira, aprendemos o que significa sentir medo, por exemplo, quando aprendemos como as pessoas que estão amedrontadas reagem contra aquilo do qual sentem medo. E, ainda mais óbvio, aprendemos o que significa possuir um pensamento quando aprendemos a linguagem que nos permite compreender a ambos: os pensamentos dos outros, e a expressão dos nossos próprios. Se tudo isso estiver correto, então Descartes não pode estar certo ao considerar os pensamentos, os sentimentos e as sensações como sendo coisas que simplesmente acontecem em nosso interior e que são bem separadas de quaisquer expressões observáveis. Os pensamentos, os sentimentos e as sensações certamente se passam dentro de nós: mas aquilo em nosso interior não pode ser separado de sua possível expressão aparente. Se este for o caso, então o solipsismo, como uma posição *filosófica*, não pode sequer iniciar-se. Podemos apenas dizer que nós mesmos possuímos mentes, em outras palavras, temos pensamentos, sentimentos e sensações porque podemos utilizar os conceitos pertinentes e temos que aprender esses conceitos pelas nossas interações com as mentes dos outros. Nesse sentido, a minha mente *não poderia* ser a única possível no universo. Em um caso particular, como no exemplo dos bonecos de cera mencionado anteriormente, alguém pode estar equivocado, ou incerto, se aquilo que se parece com outra pessoa realmente o é. No entanto, esse equívoco pode ser remediado desde que saibamos o que significa 'possuir uma mente': como neste caso, se eu fizesse uma pergunta ao boneco e não recebesse uma resposta ou se insistisse e permanecesse sem resposta, rapidamente descobriria se esse boneco possui ou não uma mente. Em outros casos, é possível que o processo seja mais difícil e prolongado, porém, em princípio, seria sempre possível decidir de uma maneira ou de outra.

IV

No entanto, mesmo se o solipsismo filosófico fosse desconsiderado, ainda permanece um problema mais prático a respeito das outras mentes. Todos sabemos, conforme já dito, que é possível manter nossos pensamentos e sentimentos, e até mesmo nossas sensações para nós próprios, e a grande maioria das pessoas faz isso – seja por questão de educação ou de privacidade ou, ainda, numa tentativa proposital de enganar outras pessoas. O fato de não podermos separar os pensamentos, etc., da *possibilidade* de expressá-los, não implica que eles não possam ser, em ocasiões particulares, separados da sua expressão *real*. Faz parte da natureza daquilo que queremos significar por nossa vida mental que ela aconteça 'dentro' de nós nesse sentido: o que possuímos em qualquer ocasião particular ainda é um pensamento, mesmo que não seja expresso, mesmo que, em princípio, fosse um pensamento que não pudesse ser expresso. É claro, só podemos apenas aprender a controlar a expressão de nossos pensamentos uma vez que formos capazes de expressá-los: mas, não obstante, isto é algo que podemos aprender a fazer.

Isso é o que cria o problema prático sobre outras mentes. Encontramos outras pessoas sorridentes, ou tristes, ou que dizem coisas, ou que se comportam de maneira carinhosa, e sabemos que é possível fazer qualquer uma dessas coisas sem, realmente, atribuir-lhes significado. Como saber se isto não se trata de uma dessas ocasiões quando eles simulam sentir ou pensar aquilo que parecem estar sentindo ou pensando? Será que é possível *ainda* saber o que alguém está pensando ou sentindo em qualquer situação particular? (Existe ainda a situação na qual a outra pessoa parece não reagir a nada, e ficamos pensando se isso significa que ela não possui nenhum sentimento ou opinião, ou se ela possui sentimentos que simplesmente não demonstra, e se esse for o caso, que sentimentos seriam esses.) Isso é diferente do solipsismo filosófico, uma vez que imaginar os sentimentos reais de alguém implica que ele *possui* sentimentos reais. No entanto, isso poderia ser denominado uma forma de solipsismo, pois este diz que, em qualquer ocasião, não podemos saber o que alguém está pensando ou sentindo, logo, que qualquer um de nossos julgamentos *específicos* sobre os pensamentos e os sentimentos de outras pessoas poderiam, de fato, estar equivocados.

Essa parece uma visão menos excêntrica do que o ceticismo filosófico, pois ela se baseia em experiências reais que, algumas vezes, temos a respeito de nós mesmos ou, da falsidade de outras pessoas, de mal-entendidos, ou apenas de surpresa com aquilo que seriam as verdadeiras atitudes e sentimentos de outra pessoa. A experiência pessoal é aqui reforçada pelo testemunho de romancistas, poetas e dramaturgos quanto às dificuldades da comunicação humana. Para verificar o tipo de resposta que poderia ser oferecida a essa forma menos incomum de solipsismo, primeiramente, é preciso questionar o que *significa*' saber o que outra pessoa está pensando ou sentindo'. Baseado no que já foi dito, não se trata de saber o que está acontecendo em um quarto fechado e sem janelas, pois foi argumentado que os pensamentos e os sentimentos são mais do que processos interiores. Ou melhor, o que parece significar é sermos capazes de compreender os motivos pelos quais alguém age de uma determinada forma. Alguém nos diz, 'Eu realmente admiro seu trabalho'. Nós nos perguntamos se essa pessoa foi sincera, ou apenas disse isso para elogiar e ganhar algo em troca. Em outras palavras, achamos que não é possível decidir entre duas interpretações possíveis ou explicações do que elas dizem. Se, em princípio, fosse impossível decidir com algum nível de certeza, então diríamos que não foi possível saber o que realmente sentiram. Por outro lado, se houvesse alguma forma de decidir entre uma maneira ou outra, poderíamos dizer, razoavelmente, que seria possível saber, não importando o quão incertos estivéssemos naquele momento.

Para alguns, isto poderia sugerir que estamos fazendo uso da 'teoria da mente', mencionada anteriormente. Então isto seria paralelo a uma situação na ciência, onde duas ou mais explicações alternativas de algum fenômeno são possíveis. Seria necessário coletar evidências a favor e contra cada explicação: se a explicação A fosse correta, então deveríamos esperar que tal e tal coisa acontecesse; por outro lado, se a explicação B fosse correta, deveríamos esperar por algo diferente. Da mesma forma, em ambos os casos, deveríamos esperar que certas coisas *não* acontecessem se essa explicação estivesse correta. Então, poderíamos tentar resolver a questão, ao analisarmos se essas conseqüências esperadas aconteceram de fato ou não. Por exemplo, quando o que denominamos hoje de AIDS foi descoberta, alguns acreditavam que ela poderia ser explicada pelo uso de certos tipos de estimulantes sexuais por homossexuais. Se esta fosse a explicação correta, então deveríamos esperar que os sintomas da AIDS provavelmente aparecessem quando as pessoas utilizassem esses estimulantes e que, definitivamente, não aparecessem quando aqueles que os possuíssem não tivessem praticado sexo utilizando esses estimulantes. Essas conseqüências não se seguiram, logo, a explicação oferecida estava claramente equivocada. A explicação que quase todos aceitam, hoje em dia, é que os sintomas da AIDS são causados por um vírus, o vírus da imunodeficiência humana, que é transmitido de uma vítima para outra pelos fluidos corpóreos. Essa explicação é confirmada pelo fato de que somente aqueles que receberam fluidos corpóreos de alguém que possuía a AIDS, pelo sexo, por transfusões de sangue, compartilhando seringas hipodérmicas, ou de alguma outra forma, é que passaram a ter o vírus que é encontrado naqueles com a doença. Esse tipo de evidência não é considerado como *prova* de que essa explicação está correta, mas nos oferece suporte suficiente para acreditar que sabemos o que causa a AIDS.

Então, será que o mesmo se aplica ao sabermos os pensamentos e os sentimentos de outra pessoa? Bem, o que realmente acontece? Freqüentemente, sobretudo em casos relativamente simples, não há dúvida do que se passa na mente de alguém. Alguém, claramente de forma acidental, parece ter cortado seu dedo com uma faca e grita: não há dúvida de que ele não está simulando, mas que está efetivamente sentindo dor. Podemos chegar a pensar diferentemente se, momentos depois, ele parasse de gritar, desse uma gargalhada e dissesse: 'Enganei você'. Novamente, pensaríamos diferente se ele parasse de gritar e víssemos uma câmera filmando por perto, apontando em sua direção, uma pessoa correndo com um estoque fresco de molho de tomate e a cena sendo repetida após alguém haver dito, 'Cena número dois'. No entanto, se nada disso acontecesse, e o homem continuasse a gritar e corrêssemos para acudi-lo com os primeiros socorros e ele se sentisse melhor tendo sua ferida cuidada, então deveríamos estar cada vez mais certos de que a dor era real. Sempre existe a possibilidade, é claro, de que a nossa certeza não esteja no lugar certo, mas quanto mais tempo o homem continuar se comportando como alguém que sente dor, torna-se mais razoável dizer que 'sabemos' que a dor é real e não simulada. Certamente, seria desumano duvidarmos, a menos que tivéssemos um bom motivo para tal, como por exemplo, se o homem fosse um ator em um palco e fizéssemos parte da audiência de um teatro, ou se soubéssemos que o homem era um piadista incorrigível, ou ainda se tivéssemos visto que a 'faca' era, de fato, uma réplica feita de papelão.

Poderíamos dizer que isso seria como formular uma hipótese científica para explicar um fenômeno e então testá-lo contra a evidência? Claramente, apresentam-se algumas semelhanças, mas existem também diferenças significantes. A história exemplificada acima parece ser mais a respeito de uma forma natural ou espontânea para interpretar certos tipos de comportamento (ele se machucou e está sentindo dor), o que mais tarde, embora não necessariamente, poderá ser alterada ou modificada frente à evidência. Se nada tivesse acontecido para que suspeitássemos de alguma coisa, não deveríamos dizer que a nossa reação inicial fora apenas uma hipótese que, até então, não fora falsificada: deveríamos apenas continuar aceitando essa hipótese e, se questionados a respeito, deveríamos dizer que *sabíamos* que ele estava sentindo dor. Mesmo se suspeitarmos de nossa interpretação original, seria possível questionar se isso é algo semelhante a rejeitar a hipótese baseada em evidência contrária. Aqui, não se trata da questão de notarmos, como no caso da AIDS, que os fatos contradizem nossa hipótese original, visto que isso não acontece com atores em um palco ou em um local de filmagens que simulam uma lesão ou sentem dor de verdade, mas gritam por alguma outra razão, e não acontece, também, com cômicos que utilizam as réplicas de papelão como facas. Ao invés disso, parte do conceito da dor que aprendemos é que a dor mormente acontece quando as pessoas se lesionam e as expressões típicas de dor incluem coisas como gritos, contorções físicas, exclamações do tipo 'Ai', segurando a parte afetada, e assim por diante. No entanto, alguém com um entendimento sofisticado do conceito de dor, descobrirá que, em qualquer caso particular, as pessoas podem sentir dor sem precisar lesionar-se fisicamente e podem não expressar nada ou expressar-se em uma gama de outras maneiras, além daquelas já mencionadas. Ou seja, não possuímos uma hipótese a ser testada contra os fatos, mas sim uma forma de interpretar certos tipos de comportamento humano que podem ser modificados à luz de nosso julgamento do significado dos fatos que os envolvem.

Quando passamos a analisar tipos de pensamentos e sentimentos humanos mais complexos, a diferença de testar uma hipótese científica parece tornar-se mais óbvia. Suponha que falhe em meu compromisso com um amigo. Ele havia dito anteriormente o quanto gostaria de me ver dessa vez, pois queria discutir algo que lhe era muito importante e para o qual precisava de meu conselho. E eu estava tão envolvido com a partida de futebol na televisão que, simplesmente, esqueci de aparecer.

No dia seguinte, eu o encontro na rua e peço desculpas por tê-lo decepcionado dessa forma. Ele responde que está tudo bem, que não preciso me preocupar. Em minha culpa, no entanto, começo a imaginar o que ele *realmente* está sentindo – realmente está disposto a me perdoar e esquecer o que aconteceu, ou será que está com medo de demonstrar sua raiva? Existe alguma coisa em seu tom de voz no qual, embora ele possa estar dizendo, 'Está tudo bem' haja uma indicação de que realmente *não* está tudo bem? Simplesmente, não sei, mas *quero* saber. Como eu poderia tentar decidir isso? Poderia esperar um pouco e continuar analisando o seu comportamento. Se nossa amizade permanecer e for tão calorosa quanto antes, então, talvez, eu venha a acreditar que suas palavras de perdão foram genuínas. Por outro lado, se as coisas nunca mais forem as mesmas entre nós, então eu poderia sentir que talvez ele estivesse decididamente zangado comigo, apesar do significado superficial de suas palavras. No entanto, qualquer uma dessas interpretações poderia ainda estar equivocada. Ele poderia estar zangado comigo, mas ser de um caráter tão forte que o fez superar sua raiva pelo bem da nossa amizade. Ou, talvez, ele verdadeiramente não tenha se incomodado pela minha falta de consideração, mas acabamos nos distanciando por alguma outra razão. A seriedade com a qual levamos em conta qualquer uma dessas indicações, e a certeza que sentimos ao dizer que *sabemos* como alguém se sente, dependerá de um julgamento que precisamos fazer.

A diferença de um caso científico, então, é que a evidência a favor e contra uma interpretação particular não é um conjunto específico de conseqüências cuja presença ou falta tende a verificar ou falsificar a hipótese que formulamos: ao invés disso, o que deve ser julgado é um alcance um tanto indeterminado de indicações no interior de um contexto e a expressão de sua relevância. É mais ou menos como contar uma história e decidir como ela deve prosseguir para que seja plausível. Isso não apenas significa que não podemos provar que uma interpretação particular está correta ou incorreta, mas que é possível, ao menos em casos mais complexos, que não exista uma forma de decidir entre interpretações diferentes e rivais. Até mesmo a própria pessoa pode, em tais casos complexos, ser incapaz de decidir, definitivamente, o que ele ou ela estava sentindo ou pensando. Portanto, isso não é um problema apenas sobre 'outras' mentes, mas é um problema sobre a mente.

Aprendemos os fatores que falam a favor ou contra uma interpretação em particular e o que é significado por palavras como 'pensamento', 'sentimento', 'sensação' e assim por diante, em se tratando do nosso comportamento próprio ou no de outra pessoa. Aprendemos os significados dessas palavras a partir de nossas interações com os outros na sociedade e seus significados não são definidos com precisão, mas incorporados em um conjunto de critérios vagos e um tanto frouxos e cuja aplicação é uma questão de julgamento e imaginação. Essa é uma diferença para além da explicação científica ou teórica. Se explicar porque minha caneta cai no chão invocando a atração gravitacional da terra, estou oferecendo uma simples explicação teórica utilizando o conceito de gravidade definido precisamente. Esse é um conceito que adquire seu significado de seu papel em uma teoria criada para fazer sentido em vários tipos de observações – a queda de objetos na terra, as órbitas dos planetas, a ascensão e a queda das marés e assim por diante – e a precisão de sua formulação não deixa espaço para dúvida quanto à sua aplicação correta ou incorreta. No entanto, os conceitos que utilizamos naquilo que os eliminativistas denominariam de 'PF', são desenvolvidos, não como parte de uma teoria para juntar diferentes observações, mas como parte de nossa vida social comum, como parte da nossa comunhão de pensamentos e sentimentos com o outro. Eles não podem ser definidos precisamente, portanto existe muito espaço para dúvida em muitos casos sobre a sua aplicação correta. É aqui que deveríamos procurar pelas raízes do problema prático do solipsismo: não é tanto uma questão de que nossos pensamentos e sentimentos sejam incomunicáveis, mas sim de que sempre há espaço para dúvida em qualquer caso quanto ao que é comunicado e se, realmente, é o que se pensa ou o que se sente.

Existem complicações ainda maiores que surgem do fato de que é possível uma pessoa esconder seus pensamentos e sentimentos e de excluir do jogo as expressões naturais do que se está pensando e sentindo. De qualquer maneira, os critérios não determinam unicamente a aplicação correta do conceito: as coisas pioram ainda mais quando não há critérios disponíveis. Ligada a isso está, talvez, a idéia de que nossos pensamentos mais profundos e sentimentos são, de certa forma, inexprimíveis por meio de palavras. O que essa idéia acarreta não está de todo certo. Alguém pode, por exemplo, dizer à sua amada 'Eu te amo', e então sentir que essa frase convencional é fraca demais para realmente expressar o que ele sente por ela. Ela não apreende a intensidade total de seu afeto, então, dessa forma, a parte mais importante de seus sentimentos não é expressa. No entanto, obviamente, isso não significa que suas emoções sejam *inexprimíveis*. O fato de que possa dizer o quanto deixam a desejar as formas de palavras convencionais, implica que ele *consegue* expressar seus sentimentos mais profundos: se não pudesse, como poderia dizer que as palavras deixam a desejar? Realmente utilizamos muitos clichês e frases comuns em nossas conversações com os outros, e nesse sentido, a expressão de nossos pensamentos e sentimentos (principalmente nossos sentimentos) pode ser inadequada. No entanto, muito pode ser transmitido por outros meios não lingüísticos – pelo tom de nossa voz, nossa linguagem corporal, a expressão de nossos olhos ou de nossos gestos – o que preenche as deficiências de nossa expressão verbal. Isso para não mencionar que podemos, enquanto tal, melhorar nossa expressão verbal ao utilizar formas menos convencionais como, por exemplo, a poesia. É inegável que a nossa tendência em esconder nossos sentimentos ou em utilizar uma linguagem inadequada para expressá-los pode, freqüentemente, dificultar que outras pessoas realmente penetrem em nossas mentes: mas disso não se segue que a mente de outra pessoa seja, de alguma forma, intrinsecamente impenetrável devido à privacidade e à incomunicabilidade de seus pensamentos e sentimentos.

Foi dito, anteriormente, que pensar sobre o solipsismo, por mais louca que seja essa doutrina, poderia ser útil ao esclarecer nossas concepções sobre a mente. Portanto, o que aprendemos sobre a questão mais geral dessa discussão? Em primeiro lugar, que a nossa vida mental não deve ser equiparada com algum mundo *puramente* 'interno': nossas mentes fazem parte do mundo público e social. O que penso e sinto é o que comunico aos outros, e nesse sentido, existe no espaço entre nós, assim como dentro de mim próprio. Conhecer a mente de outros é difícil, mas não mais do que conhecer a própria mente. Se não consigo encontrar as palavras adequadas para expressar meus sentimentos a alguém, essa pessoa não é capaz de saber como realmente me sinto, então, na mesma moeda, se não sou capaz de achar as palavras para descrever meus próprios sentimentos a mim mesmo, logo, efetivamente, não sei quais são meus próprios sentimentos. Se não for capaz de expressar meus pensamentos em palavras que os transmitirão aos outros, então os próprios pensamentos devem estar inadequadamente formados, desconhecidos inclusive por mim. (Imagine como, às vezes, descobrimos o que estamos pensando apenas ao tentar expressar nossos pensamentos em palavras e, portanto, encontrando as palavras certas para expressá-los.)

Não obstante, é uma característica importante do mental que ele se passa 'dentro' de nós. Conforme vimos, os pensamentos e os sentimentos, apesar de deverem ser exprimíveis, não precisam, necessariamente, ser expressos: faz parte da natureza dos processos e estados mentais que possam ser privados, e também possuímos todos os tipos de motivos, respeitáveis e não tão respeitáveis, para mantê-los assim. Ser capaz de pensar sem movimentar nossos lábios é uma marca de sofisticação social; é um dos sintomas pertencentes a certos tipos de transtornos mentais que alguns de nossos pensamentos privados sejam proferidos em voz alta. Essa habilidade de manter nossos pensamentos e sentimentos privados é o que dá sentido à idéia da vida mental como uma vida interna. Ela é uma parte essencial do que denominamos de 'subjetividade' da vida mental: eu tenho meus pensamentos e você tem os seus; não posso ter os seus pensamentos, mesmo que tenha pensamentos que concordem com os seus. Isso não é incompatível com a comunicabilidade essencial dos pensamentos e sentimentos – muito pelo contrário, podemos apenas falar sobre a comunicação quando a pessoa que está comunicando alguma coisa encontra-se separada da pessoa que a está recebendo. Não comunico meus pensamentos a mim mesmo, apenas os tenho; eu os comunico a outra pessoa que possui seus próprios pensamentos. No entanto, certamente existe a aparência de um paradoxo aqui: se sou, verdadeiramente, um sujeito separado de você, não podemos possuir os mesmos pensamentos e sentimentos, como é, então, possível que os comunique a você? Por outro lado, *a menos que* eu e você fossemos sujeitos separados, não faria sentido falar de comunicação. Que seja ou não possível resolver esse paradoxo, ambas, a separabilidade das mentes e a possibilidade de comunicação entre elas, parecem ser propriedades essenciais do que queremos significar por `mente`.

6

Razões e causas

I

Portanto, aonde chegamos ao refletir sobre o que significa possuir uma mente? Nos Capítulos 1 e 2, examinamos argumentos a favor e contra duas abordagens filosóficas tradicionais a essa questão – o dualismo cartesiano e o que denominamos de 'materialismo clássico'. Apesar de sua oposição, elas pareciam dividir uma característica em comum: ambas se preocupavam com o que era a 'mente' e de que tipo de 'coisa' ela era composta. Para o dualista, uma mente é um tipo de coisa especial, diferente de qualquer outro tipo de coisa no universo conhecido, pois é composta por um tipo de matéria excepcional – não ocupa espaço, não possui dimensões e não possui nenhuma posição relativa a outras coisas. (Então, estritamente falando, ela não pode ser descrita como estando literalmente 'dentro' do corpo que ela, supostamente, 'habita'.) Por outro lado, para o materialista clássico, o que era tradicionalmente denominado de 'mente' seria melhor descrito como um 'cérebro', composto pelo mesmo tipo de coisa como todo o resto – o que é referido como sendo 'matéria', no sentido do que é estudado pela ciência física e, ulteriormente, governado pelas leis da física. Diferentes tipos de materialistas distinguem-se, em grande parte, pelo fato de querer 'reduzir' a psicologia (utilizando conceitos de 'pensamento', 'desejo', 'anseio', etc.) à mais óbvia ciência física da neurofisiologia (utilizando tais conceitos como 'ativação de neurônios') ou simplesmente substituir, eventualmente, uma psicologia independente por uma 'neurociência consumada'. Além disso, vimos que existe um terceiro grupo um tanto mal-definido denominado de 'funcionalistas' que, oficialmente, não eram nem dualistas nem materialistas, mas que comparavam mentes a programas de computador, *'software'*,[1] em vez de *'hardware'*. O *software* pode ser executado em qualquer tipo de coisa, e, como tal, é um tanto mais abstrato em caráter do que o cérebro, ou até mesmo a alma. Não obstante, argumentamos que a abordagem funcionalista não se difere o suficiente do materialismo tradicional para evitar suas dificuldades.

Com início no Capítulo 3, consideramos um tipo diferente de abordagem da totalidade da questão, que foi mais desenvolvida pelas discussões nos Capítulos 4 e 5. Em vez de partirmos da suposição de que a 'mente' deve ser o nome de uma espécie de coisa feita de certo tipo de matéria, foi sugerido que deveríamos iniciar pelo exame de como pensamos e falamos sobre nossas vidas mentais na vida cotidiana, antes mesmo de dar início à tentativa de construir teorias filosóficas ou científicas sobre as mentes. Argumentamos que, se fizermos isso, veremos que ao falarmos sobre nossas vidas mentais estamos falando sobre certos tipos de coisas que as pessoas fazem (e talvez, em alguns casos, sobre feitos por membros de outras espécies). Eles possuem pensamentos sobre o mundo, alguns mais razoáveis do que outros. Sentem emoções pelas pessoas, coisas, situações e lugares, em diferentes níveis de intensidade e adequação a seus objetos. Querem certas coisas. Eles se lembram de certas coisas e esquecem-se de outras. Possuem intenções de agir de certas maneiras e, às vezes, agir a partir delas. Sentem dor e prazer e assim por diante. Falar sobre esses estados e processos mentais em nada implica sobre o tipo ou tipos de coisas com os quais os seres humanos são compostos, ou o que é responsável por nosso pensamento, sentimento, anseio, intenção, e o resto. O próprio fato de que nossas vidas mentais são tão variadas, e que, às vezes, é difícil decidir-se, ou até que ponto a 'mente' está envolvida com o que fazemos, sugere, fortemente, que a 'mente' não é o nome de uma parte distinta de nós, mas um termo geral para referir-se às atividades humanas vagamente definidas.

Ryle expressa essa abordagem ao dizer que não deveríamos ver os seres humanos como 'fantasmas em máquinas' como os dualistas, e nem como 'máquinas sem fantasmas' conforme os materialistas, mas simplesmente como seres humanos. Similarmente, Merleau-Ponty põe em evidência o ser humano, principalmente, como uma subjetividade incorporada ou/ subjetividade-em-um-corpo, em vez de concentrar-se em 'mentes' ou 'corpos' como tais.

---

[1] N. de T. Mantivemos aqui a expressões originais, mas assinalamos que o *hardware* refere-se ao 'suporte físico', enquanto que o *software* faz referência ao 'suporte lógico' em um conjunto de programas, métodos e procedimentos, regras e documentação, relacionados com o funcionamento e manejo de um sistema de dados.

Outro filósofo moderno, Peter Strawson (Strawson, 1959, Capítulo 3), levanta um ponto muito semelhante ao argumentar que o conceito principal não deveria ser aquele da mente ou do corpo, mas o de uma 'pessoa', um ser que possui ambas as propriedades psicológicas ou mentais, do mesmo modo como possuir certos pensamentos e propriedades físicas ou corpóreas, como ter olhos azuis. Podemos questionar as opiniões de alguém quanto à pesquisa de células-tronco, ou sobre as medidas de sua cintura, e essas questões são, claramente, sobre a mesma pessoa.

Isso coloca toda a questão do que significa possuir uma mente sob uma luz diferente. Partimos, agora, do ser humano ou da pessoa, então, dizer o que significa possuir uma mente significa dizer o que têm as pessoas que nos leva a descrevê-las como possuindo uma vida mental, ou 'propriedades psicológicas'; e o problema do 'relacionamento mente-corpo' não é mais sobre a interação entre duas coisas, mas sobre a maneira na qual as propriedades psicológicas das pessoas se relacionam às suas propriedades físicas e como ambas estão envolvidas na vida da pessoa como um todo. Isto poderia ser expresso da seguinte forma: 'as pessoas possuem tanto mentes quanto corpos' significa 'as pessoas são tanto seres psicológicos quanto seres biológicos'. A pergunta torna-se, então, sobre o que são esses dois tipos de seres. Primeiramente, isto envolve questionar quais as características das propriedades psicológicas e como elas se comparam com aquelas das propriedades biológicas ou das propriedades físicas. A resposta a essa pergunta nos explicaria, então, o que significa ser um ser psicológico, bem como um ser biológico.

É possível que não possamos traçar uma linha rápida e inflexível ao redor das atividades humanas que envolvem a mente, mas parece que reconhecemos, conforme sugerido no Capítulo 3, que o cerne da nossa idéia do mental tende a possuir algumas propriedades características. Para que possamos tecer as várias linhas deste livro neste capítulo final, seria interessante revisar e expandir a discussão a respeito dessas propriedades. Em primeiro lugar, ela é 'intencional'. Pensar, como já dito, significa necessariamente pensar *sobre* alguma coisa, emoções são sentidas *por* alguém ou alguma coisa, anseios e desejos são *de* alguma coisa, e assim por diante. A alguma coisa ou o alguém aos quais são direcionados nossos pensamentos, sentimentos, desejos ou seja o que for, não precisam necessariamente existir: planos para acabar com a minha vida, por exemplo, não precisam realmente existir para que eu tenha medo deles. No entanto, eu não poderia ter um pensamento, sentimento, anseio, etc., sem que ele fosse direcionado a algum 'objeto intencional'. Portanto, o objeto intencional não pode ser a *causa* de meu pensamento ou sentimento ou desejo: uma coisa inexistente não pode ser a causa de qualquer coisa. E esse algo é um objeto intencional *sob uma ou outra descrição*. Se pensar em Tony Blair, eu não necessariamente estou pensando sobre o atual Primeiro Ministro da Grã-Bretanha ou sobre o atual líder do Partido Trabalhista. Posso não saber que o Sr. Blair ocupou essas posições, mas poderia ainda estar pensando no homem como o indivíduo que é. Portanto, eu poderia, digamos, saber a altura do Sr. Blair, mas não estar a par de que esta é a mesma altura do Primeiro Ministro. O que define meu pensamento, sentimento, desejo, etc., como aquele que o é, não é uma propriedade interna do 'processo mental ou estado' em si, mas a sua relação com seu objeto intencional específico considerado sob o ângulo de uma descrição relevante. Alguns filósofos disseram (e a importância disso será esclarecida brevemente) que as atividades psicológicas, como intencionais, possuem um 'significado' para a pessoa em questão. O significado, para mim, é a descrição do objeto intencional que eu posso reconhecer como sendo aquilo que eu estava pensando ou sentindo, ansiando por, desejando, etc.: por exemplo, o 'Sr. Blair como o atual Primeiro Ministro da Grã-Bretanha'.

No entanto, como também visto anteriormente, nem tudo aquilo que denominamos de 'mental' ou 'psicológico' parece ser intencional. As sensações (físicas) de dor, por exemplo, parecem não possuir objetos intencionais: o que diferencia as dores não é o objeto para o qual elas estão direcionadas (se é que exista algum), mas suas qualidades internas de intensidade e tipo e localização e, às vezes, o que as causa. Posso ter duas dores, uma intensa e a outra amena; uma aguda e a outra crônica; uma mais como uma dor entorpecida e a outra mais latejante; uma em meu braço e a outra em meu dedo do pé; uma causada pela agulha espetada em mim, a outra causada pela batida na porta, quando tropecei. No entanto, as dores, apesar de freqüentemente citadas pelos filósofos que falam sobre a mente, parecem ser secundárias à nossa idéia do mental.

A outra característica do mental parece ser partilhada, como vimos, pelos estados periféricos como a dor, e pelos exemplos fundamentais como o pensamento e a sensação. A isso chamamos anteriormente de 'subjetividade'. Novamente, podemos repetir e adicionar à discussão anterior. Um pensamento, ou um desejo, ou uma emoção, ou uma dor podem apenas existir ao ser de *alguém*, deve existir um sujeito para possuí-los. A idéia de um pensamento solto na atmosfera sem um sujeito não parece fazer sentido. E os pensamentos de cada sujeito, etc., devem ter existências diferentes de cada um dos outros sujeitos. Eu e você podemos, é claro, possuir o mesmo pensamento: ambos podemos estar pensando, por exemplo, que o 'dualismo é uma teoria confusa da mente'. No entanto, embora o conteúdo de nossos pensamentos possa, nessa forma, ser o mesmo, existe um sentido claro de que existem *dois* pensamentos aqui – o seu e o meu. Meu pensamento pertence a outros pensamentos meus; o seu pertence a outros pensamentos seus. Eu não posso ter o seu pensamento (nesse sentido) e você não pode ter o meu.

As propriedades e as operações biológicas dos seres humanos não parecem ser intencionais ou subjetivas nos sentidos recém explicados. O batimento do coração, ou as funções do sistema digestivo ou dos pulmões, não são definidos pelo objeto intencional ao qual estão direcionados sob uma certa descrição que alguém poderia reconhecer: nesse sentido, eles não possuem 'significado'. Eles são o que são, não importa o que se pense sobre eles, ou mesmo que ninguém, sequer, pense sobre eles. Segundo Descartes, um batimento cardíaco, por exemplo, faz parte da 'maquinaria' do corpo: definido como o que é por suas propriedades internas e, talvez, também por seu papel em relação às outras partes da maquinaria (assim como os mecanismos de um relógio, ou os pistões de uma máquina a vapor). Como qualquer pedaço de maquinaria seus processos são governados por leis comuns da física e da química e se comportam conforme essas leis. Na verdade, o coração de uma pessoa é bastante similar ao de outra pessoa, ao menos no sentido em que suas funções são governadas pelas mesmas leis físico-químicas como em qualquer outro coração. Isso é demonstrado pelo fato de que podemos transplantar o coração de uma pessoa, ou até mesmo o de um animal, para o corpo de outra pessoa, e se o transplante for 'aceito', então ele executará a mesma função do original. Um coração pode, inclusive, ser mantido vivo artificialmente quando não se encontra preso a qualquer corpo. Nesse sentido, um órgão biológico, *essencialmente,* não pertence a um 'sujeito' e isso da mesma forma que um pensamento, um sentimento, um anseio, ou um desejo. Mesmo um cérebro humano, ao menos se excluirmos a sua conexão com a vida mental, pode ser visto como um mecanismo biológico: ele executa suas funções de maneiras vastamente similares, não importa a quem pertença o cérebro, governado pelas mesmas leis da física e, um grupo particular de neurônios pode ser identificado por suas propriedades internas sem se referir a qualquer 'significado' ou objeto intencional.

II

Portanto, considerados como seres puramente biológicos, as pessoas não possuem subjetividade ou intencionalidade: elas são simplesmente 'organismos' de uma espécie em particular que funcionam de maneiras amplamente similares aos outros organismos daquela espécie e seu funcionalismo não possui 'significado'. Eles simplesmente procedem conforme a lei física. No entanto, como seres psicológicos, as pessoas relacionam-se ao mundo como sujeitos diferentes, cada um com seu ponto de vista individual e suas relações com seus mundos possuem significado para eles. Colocar as questões nessa maneira provavelmente levantará uma questão adicional. Essa distinção entre uma pessoa como um ser biológico e outra pessoa como um ser psicológico será apenas outra versão do dualismo cartesiano? Uma forma de lidar com *essa* questão é relacionar a distinção biológica/psicológica com uma diferença, detectada por alguns filósofos, entre duas maneiras de explicar o que fazem os seres humanos.

Existe uma tradição de pensamento que distingue entre 'explicação-pela-causa'[2] e 'explicação-pela-razão':[3] esta tradição iniciou-se no século XIX na Alemanha, mas ainda possui muitos seguidores, incluindo alguns em locais onde predomina o idioma inglês. Alguns filósofos dessa tradição mantêm o termo 'explicação' para o tipo causal e denominam a 'explicação-pela-razão' como 'compreensão'. (Como muitos dos criadores do século XIX e do início do XX dessa tradição, tais como Wilhelm Dilthey, Heinrich Rickert e Max Weber, foram alemães, eles utilizaram as palavras alemãs *Erklärung*[4] (explicação) e *Verstehen*[5] (compreensão), e esses termos alemães, principalmente o último, são freqüentemente encontrados até mesmo na literatura não-germânica. De maneira geral, a explicação-pela-causa significa providenciar uma resposta à questão, 'O que ocasionou isso?` ou `Como isso veio a acontecer dessa maneira?' A explicação-pela-razão é aquilo oferecido como resposta à questão, 'Por que isso é assim?' ou 'Qual é o ponto ou o propósito disso?` Existe espaço para confusão aqui, uma vez que ambas as palavras, 'causa' e 'razão', são utilizadas de maneira um tanto flexível, e até certo ponto, em um discurso normal, elas são intercambiáveis e a explicação para qualquer uma delas é, as vezes, considerada como a resposta à pergunta 'Por quê?'. Podemos questionar, por exemplo, por que as folhas caem de certas árvores no outono, e a resposta apropriada será em termos dos processos que causam a queda das folhas no outono. No entanto, mesmo em um discurso normal, existem algumas sugestões quanto à diferença entre causas e razões: se questionarmos a razão pela qual uma faixa de pedestre se encontra em um lugar específico, por exemplo, queremos saber qual é o *ponto* de tê-la naquele local (para proteger pedestres em área de tráfico perigoso), e não escutar uma história do que fez com que a faixa fosse colocada naquele lugar (por exemplo, um comitê de trabalhadores levou o equipamento e escavou a estrada para colocá-la).

---

[2] N. de T. No texto original, *'causal-explanation'*.
[3] N. de T. No texto original, *'reason-explanation'*.
[4] N. de T. Expressão em alemão, no texto original.
[5] N. de T. Idem.

Aristóteles faz uma distinção similar quanto a dois tipos de 'causa'. O que denominamos de 'causas' referem-se às traduções em inglês de Aristóteles chamadas de 'causas eficientes': enquanto que aquilo que denominamos 'razões' são equivalentes às 'causas finais'. No entanto, com Aristóteles, qualquer coisa na natureza possui uma causa 'final', assim como uma 'eficiente' – uma razão pela qual ela existe, assim como uma causa que a provoca. Por exemplo, poderíamos explicar o por quê (por qual razão) um carvalho perde suas folha no outono – a que propósito isso serve na organização mais ampla das coisas – bem como quais os processos que provocam a queda das folhas. No entanto, na ciência moderna, a idéia de 'causas finais' na natureza foi abandonada. Falar de algo como possuindo uma razão para ser assim parece envolver alguma referência a um ser consciente que teve algum propósito em fazer isso. Quanto aos processos naturais e eventos, esse ser poderia ser apenas um criador sobrenatural: mas mesmo os cientistas que crêem na existência de tal criador acreditam que é necessário manter suas crenças religiosas distintas da ciência. De um ponto de vista puramente científico, precisamos considerar a natureza como um simples conjunto de processos que provocam outros processos sem propósito ou circunstância: é assim como as coisas acontecem, e a questão 'Por que elas acontecem dessa forma'? não possui um lugar na ciência racional.

No entanto, quando consideramos as ações humanas (ou até mesmo algumas ações de animais), isso não parece estar errado, de um modo tão óbvio. E isso porque os seres humanos parecem agir com propósitos, visando alcançar alguma meta: isso está relacionado, de maneira óbvia, com sua intencionalidade e subjetividade. Podemos retroceder ao exemplo já fornecido. Ao menos parece fazer tanto sentido perguntar 'Por quê (por que razão) a faixa de pedestre foi instalada neste local na estrada?', quanto a perguntar 'Como ocorreu a instalação dessa faixa de pedestre aqui?' Os processos envolvidos na instalação da faixa de pedestres, tanto nos mecânicos quanto nos administrativos, são presumivelmente similares onde quer que elas sejam instaladas: o que nos interessa são as razões tidas pelas autoridades na escolha *deste* local para a instalação, em vez de outro possível local. E apenas uma resposta em termos de razões satisfará esse interesse e não uma em termos das causas.

Portanto, os filósofos em questão restringiram a 'explicação-pela-razão' e a 'compreensão' às *ações humanas*. Nem tudo aquilo que os seres humanos fazem é considerado como uma 'ação' para esses propósitos, mas tão somente aquelas coisas que envolvem pensamento, sentimento, etc., e até o ponto em que os envolvem. Algumas 'coisas que fazemos' são meros movimentos de nosso corpo, sem o envolvimento da mente – reflexos puros como levantar o joelho, por exemplo, que simplesmente acontecem conosco e não possuem nenhum propósito. Mesmo nossas ações, uma vez que somos criaturas com corpos, elas envolvem, necessariamente, alguns movimentos do corpo: mesmo o pensar requer processos cerebrais, e sair para caminhar envolve não apenas o pensamento de fazê-lo ou o desejo que o motiva, mas os movimentos dentro do cérebro e do sistema nervoso e dos músculos das pernas. No entanto, esses movimentos que envolvem a mente necessariamente envolvem a intencionalidade e a subjetividade: agimos conforme a visão de alcançar algum objetivo ou meta que tenhamos.

No caso de ações mais sofisticadas, tipicamente humanas, conforme já visto, dizer que elas são intencionais implica em dizer que a pessoa que está executando a ação possa identificar a ação baseada em algum conceito que ele ou ela compreenda. Por exemplo, sair para caminhar é uma ação sofisticada nesse sentido: outros animais podem caminhar, mas apenas os humanos podem literalmente fazer o que denominamos de 'sair para caminhar'. Isto porque sair para caminhar envolve possuir a habilidade de descrever o que alguém está fazendo daquela maneira, de possuir o 'conceito' de 'sair para caminhar', que foi aprendido ao participar de uma sociedade na qual esse conceito é usado. Por sua vez, possuir esse conceito exige que se reconheça uma gama de razões possíveis para sair para caminhar: para se exercitar, para fazer uma pausa do trabalho dentro de casa, para aproveitar o campo e assim por diante. A subjetividade faz parte disso porque uma ou mais dessas razões possíveis deve ser a razão *verdadeira de alguém* para agir dessa forma nessa ocasião. Então é possível compreender porque alguém foi sair para caminhar em uma ocasião particular quando nos foi explicado o seu ou a sua razão para fazê-lo. Isso pode ser considerado como o 'significado' da ação (ver acima) executada pela pessoa, ou seja, o 'agente'.

Meros 'movimentos', que não envolvem a mente, não podem ser compreendidos em termos de seu significado nesse sentido, pois, como movimentos, eles não possuem significado. Se o médico bater de leve em meu joelho, e a parte inferior da minha perna mover-se para frente, isso não é a mesma coisa que eu erguer meu joelho e perna deliberadamente. Eu não possuo uma *razão* para fazê-lo, logo não faria sentido perguntar o motivo pelo qual eu o fiz. De uma maneira significativa, um reflexo puro não se trata, simplesmente, de algo que eu *faça*, mas de algo que acontece comigo. A única maneira de explicar isso seria a de dar suas causas, isto é, de explicar o que provocou isso – a batida de leve do médico no meu joelho juntamente com certos fatos do nosso sistema nervoso humano. Nossas ações 'significativas' também, necessariamente, envolvem movimentos, mesmo que sejam apenas processos dentro do cérebro. Isso implica que possamos explicá-los de duas maneiras diferentes, dependendo da natureza de nosso interesse a respeito delas. Se estiver tendo em uma conversa com você, então você provavelmente estará interessado nas razões pelas quais estou dizendo tais coisas. No entanto, um fisiologista observando nossa conversação, sob um ponto de vista científico, poderia estar mais interessado naquilo que provocou em mim a produção de sons relevantes – os movimentos de minhas cordas vocais, etc., e talvez também nos processos cerebrais que resultaram nisso. No entanto, repare que a maneira pela qual o que deve ser explicado está descrito é diferente nos dois casos, mesmo se, em um certo sentido, essas duas descrições sejam a mesma coisa. Você (e eu) descreve o que deve ser explicado como 'minhas declarações' – ou seja, as proposições expressas por mim, tais como 'Eu confio no Sr. Smith'; o fisiologista descreve o que deve ser explicado como 'os sons que eu emito'. Nesta situação, estou fazendo minha declaração ao emitir estes sons: mas as duas coisas podem ser diferenciadas. Posso expressar meus sentimentos sobre o Sr. Smith por escrito, ou mediante sinais, ou silenciosamente para mim mesmo sem emitir sons ou utilizar palavras de outra língua que apresentem sons diferentes. Da mesma forma, é possível que em alguma outra língua esses mesmos sons expressem uma proposta completamente diferente. Não podemos fazer declarações sem executar alguns movimentos físicos, mas uma declaração não pode ser identificada com os movimentos envolvidos na sua execução em qualquer ocasião específica.

Os movimentos do corpo, assim como quaisquer outros movimentos físicos, são explicados por suas causas. Os filósofos que fazem a distinção 'razão/causa' geralmente seguem David Hume (1711-76) em suas análises do que está envolvido ao afirmar a causa de alguma coisa. Para nossos propósitos atuais, não precisamos entrar nos detalhes ou nas dificuldades da análise de Hume: podemos simplesmente dizer que, para ele, a 'causa' de algum evento (algo que acontece) é um evento separado que acontece antes do evento a ser explicado (o 'efeito'), e é um tipo que está regularmente relacionado a eventos de tipo-efeito.[6] Portanto, dizer, por exemplo, que uma pedra jogada por alguém causou a quebra da janela significa, de um modo geral, nesta análise, que o impacto da pedra veio imediatamente antes da quebra da janela, e que o impacto de objetos pesados como pedras é normalmente relacionado com a quebra de coisas frágeis como o vidro. Uma versão mais moderna da análise de Hume, que conecta a explicação pela causa mais ligada à ciência, é o denominado 'modelo da cobertura por leis',[7] que diz (brevemen-

---

[6] N.de T. No original: *effect-type*.
[7] N.de T. No original: *covering-law model*. Este seria um modelo segundo o qual um acontecimento é explicado quando está subordinado a uma lei da natureza, ou seja, sua ocorrência deduz-se dessa lei e de um conjunto de condições iniciais.

te) que oferecer uma explicação pela causa de algum evento significa demonstrar que a conexão entre a suposta causa e o efeito é uma instância de uma generalização, ou lei, que relaciona eventos desses dois tipos. Isso *explica* o efeito ao demonstrar como ele foi previsível dentro das circunstâncias.

Podemos, agora, especificar algumas das diferenças relevantes, segundo esses filósofos, entre a 'explicação-pela-razão' (compreender o significado de uma ação) e a 'explicação-pela-causa' (demonstrando como um movimento foi ocasionado). É possível explicar, causalmente, a emissão de certos sons ao demonstrá-los como uma instância de um padrão regular, em que certos tipos de movimentos vocais produzem certos tipos de sons. Podemos explicar, causalmente, o movimento das cordas vocais ao demonstrar que existe uma relação regular entre certos tipos de processos cerebrais e nervosos, e esses movimentos. As conexões regulares invocadas são *gerais* – não possuem nenhuma referência específica a mim ou a essa ocasião. Também não fazem nenhuma referência ao que *significam* esses sons: e, até onde vai esse tipo de explicação, eles são apenas ondas sonoras no ar que podem igualmente ser produzidas por qualquer um em qualquer situação. No entanto, se você explicar minhas declarações em termos de minhas razões para produzi-las, então você está claramente se referindo às *minhas* razões *nesta* ocasião. Eu digo que confio no Sr. Smith: o que você quer saber é porque *eu* digo isso e qual a minha razão para estar dizendo isso agora.

As generalizações para as quais apelamos ao oferecer explicações causais de movimentos podem ser estabelecidas ou contestadas por evidência empírica, da maneira habitual. Se eu questionasse como sabemos que certos movimentos das cordas vocais produzem certos sons, poderíamos dizer que eles foram regularmente observados para tal (ou, se quisermos seguir Karl Popper, podemos, ao menos, dizer que essa generalização ainda não fora, até então, falsificada pela observação empírica). Mas, claramente, isso não funcionará com as explicações pelas razões: porque não estamos lidando com generalizações, mas com razões específicas de uma ocasião particular, e porque não podemos *observar* as razões de alguém da mesma maneira direta que observamos movimentos prévios. Voltamos ao problema das 'outras mentes'. Quando você me pergunta, 'Por que você diz que confia no Sr. Smith?`, e eu respondo, `É porque ele possui uma postura muito confiável', então você não pode saber, *apenas pela sua observação*, que esta é a minha verdadeira razão para dizer isso. Em muitos casos, além disso, oferecemos explicações pelas razões sem depender do que diz o agente. Portanto, como decidimos em uma explicação-pela-razão para as ações de alguém?

Alguns dos filósofos referidos acima, como Dilthey e Weber, e o filósofo britânico R. G. Collingwood, relacionaram a compreensão com o que, às vezes, denominamos de 'empatia'. A idéia era que, para descobrir quais são as razões de alguém em relação às suas ações, precisamos nos colocar na situação do agente e pensar seus pensamentos sobre a questão. Obviamente existe algo aqui: freqüentemente podemos descobrir porque alguém fez alguma coisa ao nos questionarmos o que poderia ter nos influenciado a agir dessa forma se, por acaso, estivéssemos na situação daquela pessoa. No entanto, a dificuldade está em quão literalmente devemos considerar a idéia de 'pensar os pensamento de outra pessoa por nossa própria conta'. A idéia da subjetividade do pensamento significa que *não podemos,* literalmente, pensar os pensamentos de outra pessoa. E, conforme visto no capítulo anterior, se aceitarmos o dualismo cartesiano, não podemos 'entrar' na mente de outra pessoa para pensar os seus pensamentos. Então como fazemos esse truque?

Podemos seguir a pista sugerida pela discussão do capítulo anterior quanto ao nosso conhecimento de outras mentes. Para verificar quais as razões que alguém poderia ter tido para fazer alguma coisa – por exemplo, sair para caminhar – precisamos verificar que tipos de razões fariam disso algo inteligível para que alguém nessa situação o fizesse. E razões inteligíveis são aquelas geralmente aceitas como tais – algumas das razões inteligíveis em 'sair para caminhar' foram listadas acima (exercitar-se, relaxar, aproveitar o ambiente do campo, e assim por diante). Sabemos que essas razões são geralmente aceitas em nossa cultura como motivos para executar esse tipo particular de atividade que denominamos 'sair para caminhar'. Precisamos determinar quais dessas razões inteligíveis foram as *dessa pessoa naquela situação.* Para isso, precisamos obter conhecimento não apenas das propriedades 'objetivas' da situação, mas *como aquela pessoa vislumbrara* essa situação. Para descobrirmos a respeito dessa última, precisamos saber algo mais a respeito daquela pessoa.

Suponha que saibamos, por exemplo, que essa pessoa adora se exercitar ao ar livre, e que ela permaneceu muito tempo dentro de casa, o dia inteiro, realizando trabalhos sedentários: isso faz com que, provavelmente, a razão principal que essa pessoa tenha para sair para caminhar, naquele momento, seja a de tomar um pouco de ar puro e se exercitar. Utilizar a nossa imaginação e o nosso amplo conhecimento a respeito dela para descobrirmos como ela entrevê sua situação presente, é o que metaforicamente expressamos ao nos 'colocarmos em seu lugar'. (Conforme visto no Capítulo 5, possivelmente nunca estaremos certos de que compreendemos, corretamente, suas razões.)

Alguns filósofos, como Karl Popper, que não apreciam muito a distinção entre explicação-pela-causa e explicação-pela-razão, argumentam que colocar-nos na situação daquela pessoa é apenas uma forma de descobrir hipóteses gerais sobre o que a faz agir, o que é possível utilizar, então, para oferecer uma explicação causal direta. No entanto, isso não parece correto. Não formulamos alguma generalização tal como, 'Pessoas do tipo, como ela, que permaneceram dentro de algum lugar e inativas por certo período de tempo, tendem a sair para caminhar', criando, então, a hipótese de que o tempo permanecido dentro de casa e inativa, seja a causa de sua caminhada. Embora ela pertença a esse 'tipo', ela poderia reagir ao tempo que permaneceu dentro de algum local de modo diferente: como, por exemplo, sair para correr. Se esta é a sua razão para sair para caminhar, é porque *ela mesma se vê* dessa forma: ela faz uma conexão nesta ocasião (talvez não em outras) entre estar presa dentro de algum local fechado e sair para caminhar para se 'desenferrujar'. A compreensão é particular ao indivíduo e ao caso e não baseada em generalizações sobre tipos. Eis porque a compreensão das razões é apropriada às ações nas quais a 'mente' está envolvida.

Os padrões da inteligibilidade das razões são determinados pela cultura à qual pertence a pessoa que está agindo e a pessoa que procura compreender a ação: conforme dito anteriormente, razões inteligíveis para ação são aquelas geralmente aceitas como tais. Algumas, no entanto, parecem ser universais a todos os membros da espécie humana, pois dependem da biologia humana. Todos, por exemplo, sentimos fome, então é possível compreender, independentemente da cultura, por que alguém, por estar com fome, arrancaria uma maçã de uma árvore. Todos precisamos dormir, então é possível compreender, independentemente da cultura, por que alguém pararia de trabalhar devido ao cansaço. No entanto, todos os nossos padrões de inteligibilidade estão ligados à cultura, seja ela uma cultura humana em geral ou uma cultura local em particular à qual pertencemos. Sob um determinado ponto de vista, uma cultura poderia ser definida como um sistema de padrões daquilo considerado como razões inteligíveis para agir. Por esse motivo, um filósofo como Dilthey denomina uma cultura de '*Objective mind*',[8] a mente aqui como ela se concretiza nas práticas e instituições coletivas, distinguindo as ciências 'humanas', tais como a história, a sociologia ou a economia que procuram compreender os seres humanos como membros de uma cultura, de uma ciência 'natural', tal como a biologia, que procura oferecer explicações causais dos movimentos físicos de coisas vivas, e na qual os seres humanos são considerados como sendo apenas mais uma espécie de animal.

---

[8]N. de T. *Mente objetiva.*

III

Será esta uma outra forma do dualismo cartesiano? Certamente ela não parece exigir que consideremos as 'mentes' como mundos internos separados nos quais devemos penetrar para explicar o comportamento humano. Ao invés disso, quando suas mentes estão envolvidas, compreendemos o que as pessoas fazem ao utilizarmos nossa imaginação e pela referência aos padrões compartilhados de inteligibilidade que possuímos ao participar de uma cultura. No entanto, um materialista clássico poderia argumentar que essa distinção entre razões e causas é ainda inaceitavelmente dualista, mesmo se não cartesiana, pois ela parece errada ao negar a possibilidade de integrar a nossa explicação do comportamento humano com o resto de nossa compreensão científica do mundo. Se o estudo da psicologia humana é distinto do estudo da biologia humana, ao ponto em que as leis que explicam o movimento humano não possuem nenhum papel na explicação da ação intencional humana, então isso parece implicar que nossas vidas mentais são separadas de nossas vidas como seres físicos. Alguns filósofos procuraram preencher esse hiato ao assimilar a explicação-pela-razão com uma variedade especial de explicação-pela-causa: para eles, as 'razões' são apenas um tipo peculiar de 'causa'. De alguma maneira isto soa plausível: afinal de contas, para utilizar nosso exemplo anterior, o ato de alguém sair para caminhar poderia ter sido 'provocado' pelo seu desejo de se exercitar.

Mas, de outras maneiras, o paralelo não parece manter-se. As explicações-pelas-razões não parecem, conforme visto anteriormente, estar baseadas em leis gerais da mesma forma que as explicações-pela-causa. E mesmo se tais leis existissem e pudessem ser encontradas se pensássemos isso com afinco (o que parece duvidoso), não precisaríamos delas para explicar a caminhada dessa pessoa nessa ocasião. Uma vez que soubéssemos sua razão para tal, desde que seja uma razão inteligível, possuímos uma compreensão perfeitamente satisfatória do motivo de sua caminhada, independentemente do que possa ser verdadeiro a respeito de seu tipo psicológico. O mais importante, mesmo se as leis gerais influenciam o ambiente de alguma maneira, é que não parece claro transformar nossa explicação-pela-razão em uma forma de explicação-pela-causa. As explicações-pelas-razões estão relacionadas à intencionalidade. Ela pode sentir o desejo de se exercitar ao sair para caminhar, apenas se possuir o conceito de exercitar-se dessa forma – apenas se compreender o que está fazendo sob essa descrição. Compreender o que ela está fazendo como 'uma forma de se exercitar' não pode ser explicado pelos processos cerebrais ou quaisquer outros processos internos que antecedem a isso, pois possuir um conceito significa ter aprendido a utilizar certa expressão ('exercitar-se ao sair para caminhar') nas interações sociais com outros seres humanos. Essas interações sociais assumem a forma de um aprendizado ao reconhecer quando é correto descrever o que alguém está fazendo dessa forma, e quando é incorreto: em outras palavras, ao reconhecer certas normas sociais. Essas normas, de fato, não são objetos existentes. Elas existem apenas na medida em que são reconhecidas pelos seres humanos como uma forma de proporcionar possíveis razões para a ação, logo elas não podem *causar* seu próprio reconhecimento. Portanto, possuir isso como uma razão para agir não é estar agindo devido a uma causa, seja por processos internos ou por condicionamento social, mas significa agir de uma forma inteligível, pois está de acordo com as normas sociais.

Outra forma de preencher o hiato seria negar que a ação humana necessita de um tipo especial de explicação. De muitas maneiras, esta é apenas outra forma de ver o programa eliminativista que elimina a 'PF' a favor de uma 'neurociência consumada'. Para examinar essa proposta sob esta nova perspectiva, devemos voltar a algumas críticas feitas à PF por Churchland. Ele oferece um número de exemplos das falhas da PF como uma teoria científica do comportamento humano, conforme visto no Capítulo 2. Recapitulemos alguns dos casos especialmente escolhidos por ele: a natureza e as dinâmicas do transtorno mental; a imaginação criativa; e, as diferenças de inteligência entre indivíduos diferentes. Estes três casos são semelhantes de duas maneiras interessantes. Em primeiro lugar, todos pertencem, claramente, ao domínio da psicologia – dizem respeito a pessoas que nós chamamos de 'seres psicológicos', e existe, então, uma necessidade óbvia para ver como eles se encaixam com o que fora recém dito sobre a explicação-pela-razão. Em segundo lugar, é difícil encaixá-los aí, mesmo porque, em sua explicação, parecem exigir alguma referência ao funcionamento do cérebro.

Esse segundo ponto necessita alguma elaboração. Podemos utilizar os três exemplos, cada um por si. Primeiro, o transtorno mental. O transtorno mental é, por definição, uma *anormalidade* do pensamento, do sentimento ou do comportamento. O pensamento, o sentimento e o comportamento 'normal' é o comportamento que a maioria das pessoas considera possível compreender. Se alguém, por exemplo, sente-se 'abatido' porque falhou em um exame importante, então isso é normal. Se perguntarmos por que essa pessoa está se sentindo assim, e ela justifica o seu humor, então seria relativamente possível compreender seus sentimentos (mesmo se, nós mesmos, nunca ficamos 'abatidos' nessa situação). Isto é, em outras palavras, uma explicação-pela-razão inteligível. No entanto, se ela diz sentir-se deprimida porque ela não vale nada, então consideramos isso, no mínimo, de mais difícil compreensão – principalmente se nos parece não haver uma razão óbvia para que essa pessoa possua auto-estima tão baixa. Aqui podemos estar frente a um caso de depressão *clínica*, um transtorno mental, bem mais do que frente a uma disposição normal de humor. O fato de que ela oferece uma resposta não-inteligível à nossa pergunta 'Por quê?' parece exigir uma explicação. O fato de não ser inteligível significa que não podemos, prontamente, oferecer razões para tal, logo parece natural concluir que a explicação deve ser *causal*. Uma explicação causal possível para essa forma estranha de pensamento poderia resultar de alguma doença ou de alguma lesão no cérebro de uma pessoa: e isto pode ser o tipo de coisa que Churchland significa ao dizer que a natureza e as dinâmicas do transtorno mental não podem ser adequadamente explicadas pela PF, mas exigem uma explicação pela neurociência.

O segundo exemplo diz respeito à imaginação criativa. Poderíamos ilustrar a idéia da imaginação criativa com a obra de um escritor como Tolkien, ao escrever uma obra fantasiosa como o seu *O senhor dos anéis*. Tolkien criou aqui, um mundo completamente imaginário, habitado por seres muito diferentes de quaisquer outras criaturas que encontramos no mundo real. Ele pode muito bem, é claro, ter derivado alguns materiais de seu mundo de fantasia de outras fontes tais como mitos e contos de fadas, mas a forma como uniu esses materiais foi completamente inédita e inteiramente sua. Se perguntarmos 'Por que Tolkien criou esse mundo em especial e não qualquer outro?', a PF poderia nos proporcionar uma resposta na forma de uma explicação-pela-razão? A resposta parece ser 'Não': toda a questão em dizer que sua obra foi 'criativa' é que ela parece não se conformar com quaisquer normas reconhecíveis. Nós, pessoas menos criativas, não poderíamos dizer que isso é o que deveríamos ter feito na mesma situação: certamente, acreditamos ser impossível compreender como a mente de Tolkien deve ter funcionado e podemos apenar nos encantar com sua imaginação. Se a PF não pode explicar a criatividade, parece dizer Churchland, então talvez uma neurociência consumada possa, por exemplo, ao exibir as estruturas peculiares do cérebro possivelmente presentes em pessoas criativas, que lhes permite juntar o material de maneiras novas e inéditas.

Finalmente, existem as diferenças de inteligência entre indivíduos distintos. Por mais difícil que seja definir ou, a partir daí, medir a inteligência, parece existir pouca dúvida de que algumas pessoas são mais inteligentes do que outras, ou que, pelo menos, possuem mais inteligência de um certo tipo do que a de outros. Eles são mais aptos a raciocinar sobre as coisas, ou a desenvolver idéias novas e originais, ou a encontrar soluções para problemas, e assim por diante. Parece igualmente claro que não podemos oferecer uma explicação-pela-razão dessas diferenças: e isso fica tão claro simplesmente porque as explicações-pelas-razões devem ser oferecidas por possuírem pensamentos específicos, sentimentos e ações; enquanto a inteligência, por sua vez, é uma questão de *como* alguém pensa ou age. Poderíamos, talvez, responder à questão 'Por que ele pensou isso?' ao oferecer suas razões para tal.

No entanto, isso não explica porque seu pensamento foi *inteligente* daquela forma: esta é uma pergunta diferente, exigindo um tipo diferente de explicação. A neurociência, por outro lado, *poderia* ser capaz de responder à segunda questão: talvez fosse possível oferecer uma explicação pela causa da inteligência em termos da presença de certas propriedades ou estruturas nos cérebros de pessoas mais inteligentes que não são encontradas ou não são desenvolvidas em pessoas menos inteligentes.

IV

Portanto, existe, pelo menos, alguma plausibilidade nas alegações de Churchland quanto a esses três exemplos. No entanto, segue-se daí que ele esteja certo em sua tese geral de que a PF é um tipo primitivo de teoria explanatória que necessita ser substituída, e que, eventualmente, será substituída por uma neurociência consumada? A resposta que quero oferecer a essa pergunta divide-se em duas partes. Em primeiro lugar, se levarmos em conta o campo da psicologia humana ao qual se aplicaria a explicação-pela-razão, ele não nos ofereceu nenhum motivo para abandoná-la a favor das explicações-pelas-causas baseadas na neurociência. O campo apropriado da explicação-pela-razão são as ações humanas normais, em que 'normal' significa 'conformar-se às normas mais geralmente aceitas de inteligibilidade'. Os exemplos oferecidos por Churchland discutidos acima, não se enquadram dentro desse campo específico, e, logo, não possuem nenhuma relevância quanto à validade ou à utilidade do que ele denomina de 'PF'. Conforme dito na discussão sobre o transtorno mental, por exemplo, é possível compreender prontamente os sentimentos normais que denominamos de depressão, porque eles são respostas a situações que poderíamos concebivelmente vivenciar. O que parece nos confundir é a resposta depressiva a partir da qual não atribuímos sentido a esses termos. Os casos de imaginação criativa e diferenças de inteligência parecem estar fora do alcance da explicação-pela-razão de uma maneira diferente – a de que eles levam em consideração *capacidades* incomuns em vez de *ações* humanas. O fato de que a explicação-pela-razão não se aplica a eles não diz nada, portanto, quanto à sua utilidade em seu próprio campo.

Além disso, se nos mantivermos ao campo apropriado da explicação-pela-razão, podemos fazer um ponto mais positivo. Dentro desse campo, a 'PF' é, na realidade, *superior* à neurociência – ela nos permite explicar coisas que a neurociência não consegue. Ao abandonar termos como 'razão', 'desejo', 'anseio', 'intenção' e assim por diante, e substituí-los por termos como 'ativação de neurônios', a neurociência consumada, enfocada por Churchland, impossibilitaria a distinção entre ações diferentes executadas com os mesmos movimentos físicos. Dois homens chutam uma bola com suas pernas direitas, aplicando o mesmo grau de força. Em ambos os casos, os movimentos de suas pernas, sem dúvida, poderiam ser causalmente explicados como o resultado de mensagens da parte apropriada do cérebro alcançando seus pés por meio de seus sistemas nervosos. No entanto, um deles é um jogador profissional que chuta a bola na direção do gol durante o jogo, enquanto o outro é um pai de família chutando a bola de forma casual enquanto brinca com seus filhos no parque. A neurociência não pode distinguir esses dois casos, e pode explicá-los apenas no sentido de dizer como o pé do homem movimentou a bola daquela forma em cada caso. No entanto, os movimentos em cada caso faziam parte da atuação de uma ação diferente. Podemos questionar as ações, 'Por que ele fez isso?': a resposta de um caso seria 'Ao tentar chutar em gol e colocar seu time na liderança', e na outra 'É parte de uma brincadeira com seus filhos'. A explicação-pela-razão permite-nos compreender essa diferença de uma maneira que a explicação-pela-causa não consegue.

Portanto, se mesmo o que Churchland diz sobre esses três exemplos estiver correto, disso não se segue que a PF já tenha passado de sua validade e necessite ser substituída por um estudo mais neurocientífico baseado no comportamento humano. Isso nos leva à segunda parte da minha resposta à questão, o que envolve fazer outra pergunta. Quanta força existe, de fato, nas afirmações de Churchland, quanto à superioridade da neurociência, mesmo nos exemplos que foram discutidos? Precisamos considerar o caso do transtorno mental separadamente dos outros dois, pois ele levanta algumas questões um tanto diferentes. Pensamentos anormais, sentimentos, humores e comportamento, claramente, não podem ser compreendidos em termos de padrões normais (isto é quase verdadeiro por definição). Quando uma pessoa com depressão clínica diz sentir-se completamente desvalorizada e indigna de continuar vivendo, sentimo-nos angustiados e confusos. Seria preciso muito para que considerássemos que a vida de *qualquer um* fosse completamente desvalorizada e que nada a respeito dessa pessoa justificaria esse sentimento ou faria dele algo 'racional'. Então por que ela se sente dessa forma? Um exemplo de uma explicação que se encaixaria nas afirmações de Churchland seria de que a depressão é causada pela concentração decrescente de um neurotransmissor (simplificando, uma química no cérebro) denominada serotonina – uma concentração decrescente que poderia, ulteriormente, apresentar origens genéticas. (As explicações oferecidas aqui são aprovadas por muitos psiquiatras contemporâneos.) Sugere-se, aqui, que isso faria da depressão uma condição essencialmente biológica, semelhante a uma doença corporal. No entanto, essa não é a única explicação oferecida. Muitos apóiam as teorias de depressão 'cognitivas' que é uma forma de 'vulnerabilidade aprendida': a pessoa enfrentou, de acordo com essas teorias, alguns infortúnios com os quais não conseguiu lidar de maneira positiva ou construtiva e, portanto, simplesmente desistiu de tentar (adotou uma estratégia de ser vulnerável). Por outro lado, as teorias 'psicodinâmicas' consideram a depressão como um tipo de luto pela perda de certas figuras próximas, isto é, pessoas com as quais esse indivíduo tenha sido muito apegado no início de sua infância. Ambas as teorias, cognitiva e psicodinâmica, são tentativas de *compreender* as razões da depressão, o significado que ela possui para a pessoa deprimida.

Poderia ser dito, e com razão, que o fato de uma dessas teorias ser a correta é uma questão empírica e não deve ser decidida por um argumento filosófico. No entanto, o ponto aqui não é dizer qual é a correta, mas apenas demonstrar que é perfeitamente possível explicar a 'natureza e as dinâmicas' de, ao menos, um grande transtorno mental em termos das razões do agente. Essas razões podem ser difíceis de compreender, mas não impossíveis, com algum esforço da imaginação; e as explicações podem ser testadas pelo seu sucesso como base para uma terapia (de fato, as terapias baseadas na cognição são extensamente reconhecidas por serem úteis no tratamento contra a depressão). Existe ainda um outro ponto que pode ser levantado. Os transtornos mentais diferem de uma forma significante das doenças físicas: eles afetam, de maneira crucial, os pensamentos, os sentimentos, os humores e as ações, ao invés dos mecanismos corpóreos (ou, se eles realmente afetam os mecanismos corpóreos é *através* de seu efeito sobre os pensamentos, sentimentos, humores e comportamento). Os pensamentos, sentimentos, humores e ações exigem razões, mesmo se as razões oferecidas pelo agente se desviam do normal. Por exemplo, dizer que o humor de uma pessoa deprimida é irracional não significa dizer que a pessoa *não* possui razões para sentir-se dessa forma, mas que as razões oferecidas pela pessoa não alcançaram os padrões normais de razoabilidade: colocando de maneira mais paradoxal, precisamos compreender isso no sentido de ver que é difícil compreender.

Se o que existe de transtorno sobre a depressão pudesse ser definido em termos biológicos simples, então a depressão consistiria em nada mais do que processos corpóreos que seriam disfuncionais para sustentar a vida e os níveis comuns de atividade, e talvez, então, ela pudesse ser causalmente explicada. Essa é a postulação por trás da teoria de que uma concentração reduzida de serotonina no cérebro oferece uma explicação completa da depressão. O fato de que essa concentração reduzida de serotonina é normalmente encontrada ligada aos humores depressivos é uma hipótese empírica que a filosofia não pode confirmar ou negar. Se isso for confirmado (e parece que existe boa evidência empírica para tal), e ao dizer que A e B estão constantemente ligados é equivalente a dizer que, de acordo com Hume, A causa B, então a neurociência pode legitimamente dizer que as concentrações reduzidas de serotonina causam a depressão (ou talvez vice-versa). Nenhum argumento puramente filosófico pode enfraquecer isso. O que a filosofia pode fazer, no entanto, é sugerir que a depressão, como uma condição humana, um transtorno mental, parece exigir compreensão ao invés de, ou tanto quanto, a explicação causal. Dessa forma, novamente, a PF não seria ultrapassada pela neurociência.

Se analisarmos, agora, os outros dois exemplos, o da imaginação criativa e o das diferenças de inteligência, o argumento seria diferente. Mesmo o defensor mais forte da PF poderia aceitar que é impossível 'compreender' estes fenômenos psicológicos. No entanto, isto não é uma falha da PF, uma vez que, conforme dito anteriormente, estes não são casos de ações humanas que poderiam ser explicados em termos das razões de seus agentes, mas da existência de capacidades humanas que são fatos naturais como qualquer outro. A única explicação possível para eles deve ser causal, e, quase certamente, em termos das estruturas cerebrais e funcionais, isto é, da neurociência. Churchland alcançou seu ponto de que a PF não pode lidar com estes aspectos da psicologia, mas isto não significa que seja uma teoria falida a ser substituída pela neurociência.

Se aceitarmos esses argumentos, então a única justificativa possível para eliminar a PF é uma crença geral no ideal de uma ciência unificada. Mas em que sentido necessita a ciência ser unificada? Vimos no Capítulo 2 como uma grande porção da inspiração para o materialismo clássico era a aversão pelas 'conexões nomológicas': explicações de certos tipos especiais de fenômenos que não poderiam ser logicamente relacionados às explicações de outros. Um exemplo freqüentemente citado é a da antiga idéia 'vitalista' de que as funções dos organismos vivos não puderam ser completamente explicadas em termos das leis da física e da química que utilizamos para explicar o comportamento da matéria inorgânica. Os vitalistas acreditavam na existência de forças especiais nos seres vivos, uma 'força de vida' especial dotada de um propósito na natureza e, portanto, ofereceram um tipo diferente de explicação quanto aos fenômenos vivos: as funções do coração em um corpo humano, por exemplo, deveriam ser explicadas em termos de sua *função* em sustentar a vida do corpo e, com isso, os vitalistas acreditaram que isso significava em termos do *propósito* que ela, função, preenchia. Os oponentes do vitalismo se contrapuseram a isso baseados no princípio já mencionado, o da 'navalha de Occam' – o princípio de que entidades não devem ser multiplicadas além do necessário.

A navalha de Occam é atraente porque recomenda que organizemos nossas teorias da maneira mais cuidadosa e elegante possível. O problema com o vitalismo era o fato de que provocava muita desordem em nosso mundo ao lidar, conjuntamente, com todos os tipos de entidades extras ('forças de vida' e assemelhados) que seria melhor evitar. Se pudéssemos explicar as funções do coração perfeitamente bem, por exemplo, em termos das coisas mais observáveis e comuns do tipo estudado pela física e pela química, então isso provocaria menos desordem nas coisas. O dualismo cartesiano é igualmente deselegante: ele introduz entidades extras denominadas de 'mentes' ou 'almas' para explicar certas coisas sobre o comportamento humano, e essas coisas não podem ser observadas da forma habitual, ou estudadas experimentalmente. Não seria melhor, mais claro, portanto, se pudéssemos explicar tudo sobre o comportamento humano sem a necessidade de apelar para qualquer coisa, exceto para as coisas que *podemos* observar e estudar experimentalmente, e que se comportam de acordo com as leis comuns da física e da química – como, por exemplo, os neurônios? Se a demanda pela unidade da ciência simplesmente significasse que deveríamos utilizar a navalha de Occam, então é fácil compreender o seu atrativo.

Mas a PF exige a existência de entidades extras inobserváveis? Não necessariamente. Dizer que as ações humanas precisam ser compreendidas em termos de suas razões, enquanto os movimentos físicos podem ser causalmente explicados, não significa que existem dois tipos distintos de coisas, 'ações' e 'movimentos físicos', em que o primeiro, diferentemente do segundo, é inobservável. Quando vemos alguém agindo de certa maneira, também vemos essa pessoa movimentando-se de maneiras específicas. Se vejo um amigo caminhando (uma ação), também vejo seu corpo se movimentando – suas pernas movimentando-se para frente e para trás, e assim por diante. Já que somos seres incorporados, como nos recorda Merleau-Ponty, não podemos executar ações sem movimentos físicos de qualquer espécie. Não podemos sequer pensar ou sentir sem ao menos a ocorrência de alguns movimentos físicos internos, principalmente no cérebro. Se uma lesão de algum tipo afetar as funções de nosso cérebro, ou de nossas capacidades para o movimento físico, então não podemos, de forma alguma, executar ações pertinentes (ou em casos mais amenos, podemos apenas executá-los de uma forma que se frustra em relação àquilo que poderia ser visto como satisfatório). Se estivermos paralisados do pescoço para baixo, não podemos caminhar; se tivermos artrite nos joelhos, só podemos caminhar desequilibrada e desconfortavelmente. Se as partes de nosso cérebro envolvidas em memórias de curto prazo forem seriamente lesionadas, perdemos a habilidade de lembrar o que aconteceu há alguns minutos atrás. Se os centros da memória forem menos seriamente lesionados, teremos apenas memórias enfraquecidas. Portanto, distinguir as ações dos movimentos não significa identificar dois tipos diferentes de entidades, sendo uma delas inobservável.

Então, o que está incluído na distinção? Se é que existe uma distinção, ela deve ao menos envolver maneiras diferentes de pensar e falar sobre o que estamos observando. Uma ação pode ser possível apenas se alguns movimentos físicos ou outros puderem acontecer, mas ela não deve ser igualada a um único conjunto específico de movimentos físicos. Podemos executar a mesma ação com movimentos físicos diferentes e os mesmos movimentos físicos podem estar envolvidos em ações diferentes. A ação de cumprimentar um amigo, por exemplo, pode ser executada por um aceno de mão, um aceno de cabeça, um sorriso, um grito de 'Olá!', um abraço e muitas outras formas. Mas, ainda, um aceno de mão pode não significar apenas um cumprimento, mas também, por exemplo, o afastamento de uma vespa da cabeça de alguém. Dizer o que alguém está fazendo pode, em um contexto, significar a descrição de uma ação que está sendo realizada por alguém, mas em outro, descrever os movimentos físicos que estão sendo executados ('Ele está cumprimentando seu amigo', 'Ele está movimentando seus braços sobre sua cabeça'). Ambas as descrições podem ser verdadeiras: mas qual delas é a apropriada, será determinada pelo contexto, incluindo nosso conhecimento geral das circunstâncias. Logo, seria preferível descrever o que ele está fazendo ao 'movimentar seus braços sobre sua cabeça' como se fôssemos, ou algum tipo de fisiologistas interessados no estudo de movimentos de braços humanos, ou incertos quanto ao *porquê* ele estava acenando seus braços, para que possamos dar preferência a uma descrição mais neutra. Ou, mesmo se soubéssemos o porquê, poderíamos descrever o que ele está fazendo como 'Apenas movimentando seus braços' se, por exemplo, não gostássemos do homem e não quiséssemos tomar conhecimento de seu cumprimento.

A descrição que escolhemos é importante, pois ela, entre outras razões, determina que tipo de explicação é a mais adequada. Se dissermos que o que ele está fazendo é 'Movimentar seus braços', poderíamos oferecer uma explicação causal, em termos do que ocasionou que seus braços se movimentassem dessa forma (o que aconteceu em seu cérebro, no sistema nervoso, nos músculos, etc., que levaram, de acordo com as leis comuns da fisiologia, a esses movimentos de seus membros através do espaço). Por outro lado, se o descrevermos como alguém executando uma ação – '*Acenando* seus braços', nesse caso – então seria tolo responder à questão 'Por que ele os está acenando? em termos, aqui, dos movimentos fisiológicos. A única resposta apropriada seria em termos de suas razões para agir dessa forma (algo como 'Ele está cumprimentando Sam, seu bom amigo'). Para poder dizer que a explicação causal de seus movimentos é plausível, precisamos saber alguma coisa a respeito das leis da fisiologia; para dizer que a explicação-pela-razão é plausível, precisamos saber sobre as formas convencionais de cumprimentar alguém nessa sociedade, e que acenar é apenas uma maneira possível (também precisamos saber, por exemplo, que Sam *é*, de fato, um bom amigo do homem e outros fatos similares sobre a situação individual). O que tem sido dito sobre as ações aplica-se igualmente, com as mudanças adequadas, aos pensamentos, sentimentos, humores, e outras atividades, processos e estados intencionais.

Mas as razões não seriam entidades extras e inobserváveis? Podemos observar, pelo menos em princípio, as causas fisiológicas de seus movimentos e a ligação constante entre eventos desses dois tipos: mas podemos também observar suas razões – não são eles entidades extras à espreita em algum lugar escondido atrás dos bastidores? Já foi previamente argumentado nesse livro que elas não o são. Podemos descobrir quais são suas razões, ao menos em muitos casos, ao observar a *maneira* de suas ações e de seus *contextos*. Se soubermos que ele é um amigo de Sam e se, após acenar, ele vai até essa pessoa e a abraça, e se no contexto não existe outra razão plausível para acenar seus braços, então se torna praticamente certo que este é o motivo de seu aceno – tão certo quanto qualquer explicação fisiológica dos movimentos de seus braços. É claro que, em casos mais complexos e sutis, pode existir muito mais espaço para dúvidas. Se quisermos saber a razão do motivo do sorriso da Mona Lisa, existem muitas teorias disponíveis e nenhuma delas pode ser conclusivamente aceita como sendo correta: o sorriso permanece inescrutável. No entanto, isto é assim não porque sua razão para sorrir desse modo seja, em princípio, o de uma entidade extra escondida e, em princípio, inobservável, mas simplesmente porque sabemos muito pouco, quase nada, sobre ela e a sua vida, e sobre o contexto no qual ela sorriu daquela maneira na pintura.

Portanto, a diferença nas formas de explicação favorecidas pela PF e a neurociência não depende do fato de que a PF adicione entidades desnecessárias ao mundo, enquanto a neurociência permanece com aquelas [entidades] reconhecidas por todos como o mínimo necessário para que possamos dar sentido ao mundo. Pelo contrário, a diferença depende do reconhecimento de que existem maneiras diferentes de dar sentido ao mundo que são adequadas a diferentes contextos. Se a crença na unidade da ciência significa uma crença de que existe apenas uma maneira 'científica' de dar sentido ao mundo, e que essa diferença de contexto é irrelevante, então essa crença parece muito menos plausível. A ciência significa apenas 'o conhecimento racional das coisas' e, certamente, é racional ao reconhecer a existência de diferentes formas pelas quais podemos dar sentido às coisas, dependendo do contexto e de nossos interesses. Repetindo um ponto feito anteriormente, diremos que uma teoria fisiológica das causas dos movimentos dos braços não explica porque um movimento braçal é um cumprimento e o outro (exatamente similar, fisiologicamente) é uma tentativa de espantar uma vespa da cabeça de uma pessoa. Indiretamente, onde a fisiologia ou a neurociência podem ser relevantes para a explicação da ação, é em relação à *ausência* da capacidade de agir. Portanto, para explicar porque alguém vê o passado através de óculos rosados, precisamos compreender suas razões para tal: mas para ver o que acontece quando alguém não consegue se lembrar nada a respeito do passado, certamente precisaremos considerar os danos causados ao cérebro, por uma doença ou por uma lesão.

Agora que estamos chegando ao fim deste livro, podemos retornar à questão com a qual iniciamos. O que significa possuir uma mente? Se os argumentos levantados neste e em capítulos anteriores forem aceitos, isso significa, conforme argumentaria Merleau-Ponty, que é ser um indivíduo incorporado ou/ ser-em-um-corpo: um ser humano, ou uma criatura similar, que é um organismo biológico, mas que também reage ao seu ambiente, subjetiva e intencionalmente. Ser incorporado, mas não um sujeito, seria relacionar-se com o mundo passivamente e de acordo com leis universais: como uma batata, por exemplo, é afetada pelo mundo, mas não age sobre ele. A forma como a batata se relaciona com a chuva que cai sobre ela, por exemplo, é determinada não pela forma como a batata *vê* a chuva (ela não vê nada), mas pelas leis universais que governam a maneira pela qual a umidade afeta matérias desse tipo. Pelo mesmo motivo, não há nada de *individual* sobre a resposta da batata – nada que faça isso a *sua própria* resposta e não aquela de outra coisa (eis então porque a batata é uma 'coisa' e não um 'ele' ou um 'ela'). Os seres humanos, no entanto, e talvez alguns outros animais, reagem, ao menos até certo ponto, individualmente a seus mundos e em formas governadas pela maneira como eles percebem seu mundo – que 'sentido' eles encontram nele.

Dizer que os seres humanos possuem mentes, sob este ponto de vista, não significa dizer que eles possuem algo extra em sua composição, uma alma não-física. É bem compatível com a aceitação do que a ciência parece nos dizer, ou seja, que os seres humanos são animais de certa espécie e que, como tal, funcionam de várias maneiras como qualquer outro ser vivo. Isso significa que muitas de suas operações podem ser completamente explicadas pelas leis da física e da química e de seus derivados na biologia. No entanto, disso não se segue que os seres humanos sejam máquinas, ou que as máquinas poderiam possuir mentes da mesma forma que os seres humanos. As partes humanas mais características do comportamento humano, foi dito, são aquelas que exigem compreensão em termos de seu significado para a pessoa em questão, em vez de ser causalmente explicado por leis físico-químicas. Essas são as partes mais relevantes de nossas vidas conjuntas como seres humanos, em vez de o serem para um estudo científico puramente objetivo dos seres humanos como apenas um outro tipo de objeto no mundo. Não importa o quão válido e, de fato, importante seja este estudo científico, é o 'subjetivo' e o 'intencional' do comportamento humano, em outras palavras, a mente humana que valorizamos quando valorizamos a humanidade. Dizer que os seres humanos possuem mentes significa precisamente negar que sejam meras máquinas.

Isto é o que devemos concluir se aceitarmos os argumentos levantados neste livro, incluindo os argumentos contra as concepções alternativas. No entanto, deve ser admitido que, como sempre acontece na filosofia, esses argumentos contra as concepções alternativas nunca poderiam ser considerados como conclusivos para refutar algo. A filosofia não trata da aprovação ou da refutação de algo, ou da verdade definitiva: trata, isso sim, da aceitação de concepções, e isso apenas na medida em que a balança dos argumentos se inclina para o seu lado.

Referências

Aristóteles (1986). *De Anima*, trans. Hugh Lawson-Tancred. Harmondsworth: Penguin Classics.
Churchland, Paul (2004). "Eliminative materialism and the propositional Attitudes", in John Heil (ed.), *Philosophy of Mind: A guide and anthology*. Oxford: Oxford University Press, pp. 382-400.
Dennett, Daniel C. (1991). *Consciousness Explained*. London: Allen Lane, The Penguin Press.
Descartes (1984). *The Philosophical Writings of Descartes*, trans. JohnCottingham, Robert Stoothoff and Dugald Murdoch. Cambridge: Cambridge University Press, Vol. II.
Descartes (1985). *The Philosophical Writings of Descartes* [as above]. Vol I.
Fodor, Jerry (2004). "The mind-body problem", in John Heil (ed.), *Philosophy of Mind. A guide and anthology*. Oxford: Oxford University Press, pp.168-82.
Kripke, Saul (1980). *Naming and Necessity*. Oxford: Basil Blackwell.
La Mettrie (1996). *Machine man and Other Writings*, trans. And ed. Ann Thomson. Cambridge: Cambridge University Press.
Merleau-Ponty, Maurice (1965). *The Structure of Behavior*, trans. Alden L. Fisher. London: Methuen.
Moran, Dermot and Mooney, Timothy (eds) (2002). *The Phenomenology Reader*. London and New York: Routledge.
Place, U. T. (2002). "Is consciousness a brain-process?", in David J. Chalmers (ed.). *Philosophy of Mind: Classical and Contemporary Readings*. New York and Oxford: Oxford University Press, pp. 55-60.
Ryle, Gilbert (1990). *The Concept of Mind*. London: Penguin Books.
Searle, John (1997). *The Mystery of Consciousness*. London: Granta Books.
Searle, John (1999). *Mind, Language and Society: Philosophy in the Real World*. London: Weidenfeld & Nicolson.
Smart, J. J. C. (2004). "Sensations and brain-processes", reprinted in J. Heil (ed.). *Philosophy of Mind: A guide and anthology*. Oxford: Oxford University Press, pp. 116-127.
Strawson, P. F. (1959). *Individuals*. London: Methuen.
Wittgenstein, Ludwig (1953). *Philosophical Investigations*, trans. G. E. M. Anscombe. Oxford: Basil Blackwell.

Índice

a priori, raciocínio 34-35, 37-38, 42-43, 74-76
ações 135-137
   movimentos físicos 147-150
   razões e causas 129-152
Akhmatova, Anna 114-116
alquimia 53-54
analógico
   raciocínio 109-111
alma 11-16
   animais 12-13, 82-85
   Aristóteles sobre 11-16
   como forma de corpo vivo 12-15, 18-19
   Descartes e 17-19, 22-23
   imortalidade 17-18, 22-23
   plantas e 12-13
   separabilidade da 14-16
analogia do fabricante de relógio 29-30
anima 11-12
animais 10, 81-82
   alma e 12-13, 82-83
   como máquinas 82-89
   comportamento inteligente 85-87
   Descartes 82-89, 93-94
   dor e 86-88
   habilidade de 31-32
   habilidade de 83-86
   linguagem e 83-86
   mente e 82-90
   raciocínio e 82-85
   semelhança com seres humanos 31-32
   tratamento de 81-82
   vivisseção 87-88
Aquinas [de Aquino], São Tomás 13-14
argumento do Quarto Chinês 97-101

Aristóteles 11-16, 21-22, 30-31
   causas eficientes 134-135
   causas finais 134-136
   Descartes comparado 17-19
   forma 12-14, 14-16, 18-19
   problema da alma 11-16
   problema mente-corpo 13-16
   substância e 12-13, 17-19
Arnault, Antoine 25-27

batimento cardíaco 132-133, 133-134
behaviorismo 40-41.
   behaviorismo lógico 36-37, 69-74
   linguagem e 71-72
   Merleau-Ponty e 73-74
   outras mentes 110-112
   Ryle e 69-73
Behaviorismo lógico 36-37, 69-74
   Merleau-Ponty e 73-74
   Ryle e 69-73
Berkeley, Bishop George 89-91
Blair, Tony 131-133
Brentano, Franz 59-60
   intencionalidade 59-62, 77-78

calculadoras 94-95, 99-100, 103
calor 44-46
categoria enganos 65-66
causas
   causas eficientes 134-135
   causas finais 134-136
   explicação-pela-causa 134-135, 137-140, 142-143
   razões distintas 129-152
causas eficientes 134-135
causas finais 134-136

cérebro.
    como máquina 101, 103-105
    imagens residuais 39-44
    lesões ao 31-32, 148-149
    mente e 14-15, 17-18, 31-32, 33-56
    tese da identidade 35-47
    transtorno mental 34-35, 142-143, 146-147
Churchland, Patricia 47-48
Churchland, Paul 47-56, 59-60, 142-146
ciência 14-16, 20-23, 30-32, 34-35. *Ver também* medicina, neurociência
    Descartes e 13-17, 20-23, 30-32, 34-35
    falsificabilidade 41-42, 53-54
    física folclórica 48-49
    materialismo e 56
    tese da identidade 35-47
Collingwood, R.G. 138-139
comportamento racional 52-53
comportamento irracional 52-53
computadores 55, 77-78, 81-83, 94 95
    computadores que jogam xadrez 94-95, 96, 97-98
    o cérebro como computador 97-98
    programas de tradução 96
    programas/software 55, 96, 103
    teste Turing 94-95, 98-99
computadores que jogam xadrez 94-95, 96, 97-98
comunicação 125-127
conceitos mentais de conduta 66-67
    inteligência 66-68
    transtorno mental 34-35, 142-143, 145-147
conexões nomológicas 37-40, 46-47, 50-51, 147-148
contingente e identidade necessária 38-39, 43-44
corpo. *Ver também* cérebro; materialismo; problema mente-corpo
    a alma como forma de 12-15
    circulação do sangue 20-21
    como máquina 19-21
    visão cartesiana 19-21, 133-134
Cristianismo 22-23

Darwin, Charles 31-32, 89-93
De Anima 11-13
Dennett, Daniel C. 89-90
depressão 60-62, 142-143, 145-147
Descartes, René 13-16, 16-35
    alma 17-19, 22-23
    Aristóteles comparado 17-19
    autômatos 19-20, 34-35, 74-77, 82-85, 91-94
    ciência e 13-17, 20-23, 30-32, 34-35
    consciência 58-60, 82-87
    corpo 19-21, 133-134
    dualismo *Veja* dualismo cartesiano
    inconsciente 30-32, 58-59
    intelectualismo 86-87
    método da dúvida 16-17, 22-27
    outras mentes e 108-111
    pensamento abstrato ou raciocínio 82-85, 87-88
    sobre os animais 82-89, 93-94
    subjetividade e 57, 63-65
    substância 17-19, 33-35, 52-53, 82-83, 87-90, 108
    'substância mental' 33-35, 52-53, 89-90
Descent of man, The 89
desejos 19-20
designador rígido 44-45
Dilthey, Wilhelm 134-135, 138-141
    Objective mind 140
Discourse on the method 83
dor 30-31, 36-37, 132-133
    animais e 76-88, 132-133
    como processo cerebral 40-46
    dualismo cartesiano e 52-53
    intencionalidade e 60-61
    linguagem e 117-118
    materialismo e 56
    outras mentes 113-114, 116-119, 122-124
    ponto de vista funcionalista 51-53
    solipsismo e 113-114, 116-119
    tese da identidade 40-46
dualismo 17-18, 36-37, 66-67, 129-130
    cartesiano *ver* dualismo cartesiano
    materialismo e 64-65
    outras mentes e 108-111

solipsismo e 111-112, 116-117
dúvida, método da 16-17, 22-27
dualismo cartesiano 17-35, 39-40, 46-47, 129-130, 140-141, 148-149
   dor 52-53
   evolução e 31-32, 89-90
   funcionalismo comparado 52-53
   glândula pineal 28-29
   intencionalidade e 63-64
   interação mente-corpo 27-31
   método da dúvida 16-17, 22-27
   outras mentes e 108-111
   sentimentos 18-20
   sobre Ryle 65-66, 71-72
   solpipsismo e 111-112, 116-117
   subjetividade e 57, 63-65
   substância 17-19, 33-35, 52-53, 82-83, 87-90, 108
   'substância mental' 33-35, 52-53, 89-90

eliminativismo 47-52, 62-64, 125-126, 141-143
emoções 88-89, 97-98, 130-131
   dualismo cartesiano 18-20
   expressão 125-126
empatia 138-139
equações quadráticas 78-79
escolha 67-69
ética 13-14
evolução 31-32, 88-94
   da consciência 31-32, 89-90, 90-92
   da mente 31-32, 88-94
   dualismo cartesiano 31-32, 89-90
   seleção natural 88-93
experiências de pensamento 42-43
   argumento do Quarto Chinês 97-101
   história do 'besouro-na-caixa' 113-117
   imagens residuais 42-43
explicação 134-135, 137-138
   explicação-pela-causa 134-135, 137-140, 142-143
   explicação-pela-razão 134-135, 137-142, 144-145
explicação teleológica 13-16

falácia fenomenológica 38-39
falsificabilidade 41-42, 53-54

'fantasma da máquina' 65-66, 68-69, 130-131
Feigl, Herbert 37-40
fenomenologia 73-74
filósofos 'escolásticos' 15-16
física folclórica 48-49
fisicalismo. *Ver* materialismo
Fodor, Jerry 51-53, 55
força de vida 147-149
forma 12-16, 18-19
Franklin, Benjamin 43-44
Freud, Sigmund 30-31, 61-62
funcionalismo 51-56, 129-131
   comportamento racional e irracional 52-53
   dor 51-53
   dualismo cartesiano comparado 52-53
   materialismo comparado 52-53

Gassendi, Pierre 34-35
geometria 25-27, 37-38, 43-46, 96
glândula pineal 28-29

harmonia preestabelecida 29-30, 40-41
Harvey, William 20-21
Hegel, G.W.F. 90-91
história do besouro-na-caixa 113-117
Hobbes, Thomas 34-35
Homme machine, L' 34-35
Hume, David 137-138, 146-147
   modelo de cobertura por leis 137-138
humores 60-62

idealismo 89-90
identidade contingente e necessária 38-39, 43-44
iluminismo, O 34-35
imagem residual 39-40, 40-44
imaginação 142-144, 147-148
imaginação criativa 142-144, 147-148
imortalidade 17-18, 22-23
inconsciente, o 30-32, 58-59, 78-79
   Descartes e 30-32, 58-59
   intencionalidade e 61-62
inteligência 66-68, 143-144, 147-148
inteligência artificial 10, 81-83, 94-101, 104
   argumento do Quarto Chinês 97-101

IA forte 96-98, 100-101
IA fraca 96
intencionalidade 59-62, 77-79, 131-136, 152
  dor e 60-61
  dualismo cartesiano e 63-64
  explicação-pela-razão e 141-142
  humores e 60-62
  linguagem/língua e 71-72
  neurociência e 53-54
  o inconsciente e 61-62
  outras mentes e 118-120
  psicologia do folclore e 49-51, 53-55
  solipsismo e 118-120
  tese da identidade e 62-63

Kohler, Wolfgang 85-86
Kripke, Saul 43-48, 62-63
  designador rígido 44-45

La Mettrie, Julien de 34-36
Leibniz, Gottfried Wilhelm 13-14
  harmonia preestabelecida 29-30, 40-41
linguagem 101-102
  animais e 83-86
  argumento do Quarto Chinês 97-101
  behaviorismo e 71-72
  dor e 117-118
  intencionalidade e 71-72
  linguagem privada 24-26, 63-64, 76-77, 102, 117-118
  programas de tradução 96
  semântica 99-100
  significado e 76-77
  sintaxe 99-100, 103
  subjetividade e 71-73
  Wittgenstein sobre 24-26, 63-64, 76-77, 102, 117-118
linguagem privada 24-26, 63-64, 76-77, 102, 117-118
Locke, John 13-14, 34-35

Malebranche, Nicolas 29-30, 40-41
  ocasionalismo 29-30
máquinas 81-83
  animais como 82-89

argumento do Quarto Chinês 97-101
autômatos 19-20, 34-35, 74-77, 82-85, 91-95
calculadoras 94-96, 99-100, 103
cérebros como 101, 103-105
o corpo como 19-21
teste Turing 94-95, 98-99
matemáticas 78-79, 96
  geometria 25-27, 37-38, 43-46, 96
materialismo 14-15, 39-40, 64-65, 90-91, 129-130
  ciência e 56
  conexão nomológica 50-51, 147-148
  dor 52-53
  dualismo e 64-65
  eliminativismo 47-52, 125-126, 141-143
  funcionalismo comparado 52-53
  ignorância da conexão nomológica 37-40, 46-47, 50-51, 147-148
  materialismo clássico 34-35, 57, 64-66, 129-131, 147-148
  outras mentes e 110-112
  tese da identidade 35-47
materialismo clássico. *Ver* materialismo
medicina 20-23
Meditations on first philosophy 22-23, 25-26
memória 148-149
mente 9-12
  animais e 82-90
  cérebro e 14-15, 17-18, 31-56
  como substância 12-13, 17-19, 33-34, 52-53, 57, 82-83, 87-90, 108
  evolução da 31-32, 88-94
  humanidade e 9-10
mente objetiva 140-141
Merleau-Ponty, Maurice 73-78, 148-149
  behaviorismo lógico e 73-74
  fenomenologia 73-74
  outras mentes e 114-116
  sobre o significado 73-78
  solipsismo e 114-116
  subjetividade e 116-117
  subjetividades em-um-corpo 77-78, 104, 130-131, 151-152
método da dúvida 16-17, 22-27

modelo da cobertura por leis 137-138
Molière 15-16
monismo neutro 89-91
movimentos físicos
  ações e 148-150
  explicações 134-135, 137-138
  razões e causas 129-152
movimento molecular 44-46

navalha de Occam 33-34, 147-149
neurociência 10, 27-29, 53-54, 129-130, 141-142
  criatividade e 143-144
  eliminativismo 47-52
  intencionalidade e 53-54
  psicologia do folclore comparada 50-51, 53-56, 144-148, 150-151

ocasionalismo 29-30
On the soul 11
ontologia 51-52
outras mentes 107-127, 139-140
  behaviorismo e 110-112
  dor e 113-114, 116-119, 122-124
  dualismo cartesiano e 108-111
  dualismo e 108-111
  expressões espécime-reflexiva 112-114
  intencionalidade e 118-120
  materialismo e 110-112
  Merleau-Ponty e 114-116
  sentimentos e 119-127
  solipsismo 111-121
  subjetividade e 112-114, 126-127
  teoria da mente 108, 121-123
  Wittgenstein e 113-118

paralisia 28-29, 148-149
pensamento abstrato, 83, 88,112
Place, U. T. 35-40
Popper, Karl 139-140
positron emission tomography (PET) 31-32
  analogia do fabricante de relógio 29-30
  Aristóteles e 13-15
  harmonia pré-estabelecida 29-30, 40-41
  interação mente-corpo 27-31
  ocasionalismo 29-30

propriedades biológicas dos seres humanos 103-104, 132-134
psicologia do folclore 48-51, 56, 125-126, 141-143, 147-149
  caráter normativo de 52-54
  comportamento racional e irracional 52-54
  criatividade e 143-144
  intencionalidade e 49-51, 53-55
  neurociência comparada 50-51, 53-56, 144-148, 150-151
psicologia evolucionista 81-82, 89-93
Psychology from na empirical standpoint 59-60
psique 11-12
Putnam, Hilary 53-54

raciocínio abstrato 87-89
racionalidade 9-10, 13-14
razão
  animais e 82-85
razões
  causas distintas 129-152
  explicação-pela-razão 134-135, 137-142, 149-150
  intencionalidade e 141-142
  padrão de inteligibilidade 140-141
reducionismo 46-47
regresso infinito 66-67
Rickert, Heinrich 134-135
Ryle, Gilbert 65-74, 76-79, 130-131
  behaviorismo e 69-73
  behaviorismo lógico e 69-73
  episódios ocultos 68-69
  'fantasma na máquina' 65-66, 68-69, 130-131
  sobre a inteligência 66-68
  sobre escolha 67-69
  sobre o dualismo cartesiano 65-66, 71-72

Searle, John 86-87, 94-101, 103
  argumento do Quarto Chinês 97-101
seleção natural 88-93
semântica 99-100
senhor dos anéis, O 142-144
sentimentos 107, 132-133
  comunicando 125-127

dualismo cartesiano 18-20
outras mentes e 119-127
solipsismo e 119-122
serotonina 146-147
Sherrington, Charles 38-39
SIDA 122-124
significado
　Merleau-Ponty sobre 73-78
sintaxe 99-100, 103
Smart, J. J. C. 39-44, 62-63
software. *Ver* computadores
solipsismo 111-121
　dor e 113-114, 116-119
　dualismo cartesiano e 111-112, 116-117
　dualismo e 111-112, 116-117
　expressões espécime-reflexivas 112-114
　história do besouro-na-caixa 113-115
　intencionalidade e 118-120
　Merleau-Ponty e 114-116
　sentimentos e 119-122
　subjetividade e 112-114, 126-127
　Wittgenstein e 113-117
Spinoza, Baruch 13-14
Strawson, Peter 130-131
structure of behaviour, The 74
subjetividade 59-65, 112-114, 126-127, 132-136, 152
　dualismo cartesiano e 57, 63-65
　empatia 138-139
　língua/linguagem e 71-73
　Merleau-Ponty e 116-117
　outras mentes e 112-114, 126-127
　solipsismo e 112-114, 126-127
　subjetividades em-um-corpo 77-78, 104, 130-131, 151-152
　tese da identidade e 62-63
subjetividades em-um-corpo 77-78, 104, 130-131, 151-152

substância
　Aristóteles e 12-13, 17-19
　Descartes e 17-19, 33-35, 52-53, 82-83, 87-90, 108
　forma de 12-13
　mente como 12-13, 17-19, 33-34, 52-53, 57, 82-83, 87-90, 108

teorema de Pitágoras 25-27
teoria da mente 108, 121-123
teorias psicodinâmicas 145-147
tese da identidade 35-47
　como teoria reducionista 46-47
　dor 40-43, 44-46
　falácia fenomenológica 38-39
　identidade contingente e necessária 38-39, 43-44
　imagens residuais 39-44
　intencionalidade 62-63
　subjetividade e 62-63
teste Turing 94-95, 98-99
Tolkien, J. R. R. 142-144
Turing, Alan 94-95, 98-99

unidade da pessoa 13-15

vitalismo 147-148
vivisseção 87

Weber, Max 134-135, 138-138
William de Occam 33-34
Wittgenstein, Ludwig 40-41
　história do 'besouro-na-caixa' 113-117,
　linguagem privada 24-26, 63-64, 76-77, 102, 117-118
　outras mentes e 113-118
　solipsismo e 113-117